# 賬本裏的中國

許德友
編著

# 目　錄

# 前　言

70 年，於漫漫歷史長河而言，不過是短短的一瞬間。新中國成立 70 年來，世界不再是之前的樣子，中國正從積貧積弱走向繁榮富強。但對於每一個生命個體而言，新中國的 70 年，就是三四代人的時空承載。這 70 年間，我們的祖輩、父輩、兒輩、孫輩，在東方的這片土地上，生活工作，繁衍生息，見證滄海桑田，經歷酸甜苦辣。國家的變化，人生的變遷，歷史縱向比，前所未有，全球橫向比，世間罕見。

作為一個生活在這個時空節點上的學者，也是這個變化的親歷者和見證者，我在想總得做點什麼。也許，記錄，就是最簡單、最直接的一件事。

70 年的鴻篇巨製如何去記錄？其實說難就難，說簡單也簡單。不要記錄多大的事情，也不用分析完整的體系。記錄個人和民生變遷，一個賬本足矣。

因為經常做經濟學領域研究和教學工作的關係，所以我平時比較關注收入、支出等方面的數據，除了統計部門公佈的數據，更會去特別留意個人或家庭的具體收支。中國人崇尚節儉持家，很多人日常有記賬的習慣，我發現寫滿平日收支的賬本是個好東西：它清晰地記錄了過去和現在的收入數量、收入來源、消費規模、消費構成。這對於一個研究經濟問題的人來說，其實是一個研究的"富礦"，裏面可以挖掘出好多"金銀"；通過這些老賬本，記錄時代變化和人生變遷，自然也不在話下。

個人和家庭的老賬本，是一個家庭經濟生活的存根，更是一個時代發展的注腳。想到容易做到難。為了搜集到這些賬本和其中的故事，也是頗費了一番周折。親戚朋友、同學同事、書刊報紙、網絡朋友圈，八面推薦，多方打聽，各種順藤摸瓜，充分利用了中國人的人際網絡——同學，同學的朋友，同學的朋友的親戚……功夫不負有心人，儘管與計劃的賬本數量有所差距，但最終還是找到了之前大致想要的賬本故事。

我們以家庭賬本中的收入和支出主要變化為敘述背景，把一個個真實又具體的"賬本故事"串聯起來，講述新中國70年的"個人賬本經濟史"：從柴米油鹽的票據、元角分厘的計算，到衣食住行用、休閒玩樂的開支，再到工作收入、買房裝修、子女教育、父母養老等賬本裏的各種大小事，以及背後所反映的國家發展、政策變化、改革軌跡。基於這個想法，文本內容的寫作基本遵循了"賬本故事—時代變遷—改革邏輯"的模式，文字力求通俗易懂，大量賬本實物照片和漫畫穿插其中，增加可讀性和生動性，讓讀者在引起共鳴的同時，也能感悟和思考國家發展變化和改革奮進之路。

一本本陳舊的賬本，一頁頁泛黃的紙張，記錄和折射了一個個普通家庭，這幾十年來，工作和生活日新月異的變化。在這裏，有平凡人家的喜怒哀樂，有夫妻鄰里的雞毛蒜皮，有過去歲月裏的暖心回憶，有曾經大家共同經歷的點點滴滴。老賬本，是你我有同感的成長紀錄，更是一部視角具體又獨特地反映城市巨變的歷史畫卷。

我們通過這些賬本故事，以微觀視角刻錄新中國 70 年人民奔向美好生活、國家走向繁榮富強、中華民族走向偉大復興的歷史軌跡。小賬本記錄大變遷，每個人的收支，每個家庭的賬本，雖然不是精確的會計冊，不是厚重的史書，但它一樣很重要，因為它忠實地見證了發生在這片古老東方大地上的生活圖景。

好了，就讓我們穿越時空，一起走進 "賬本裏的中國" 吧。

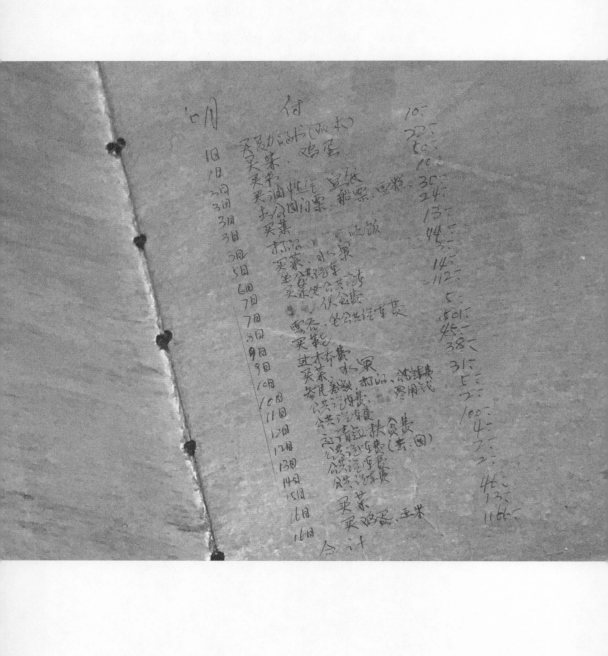

老賬本裏的「新衣服」和「所得稅」

——黃桂祥的賬本故事

# 小賬本裏的大世界
## 黃桂祥的賬本故事

我們要介紹的賬本故事的主人公黃桂祥是廣東稅務系統的一名機關幹部。他生於 20 世紀 60 年代，那個年代誕生的人可謂 "生而逢時"，"文革" 結束有機會讀大學，進入社會後又與國家改革開放 "同頻共振"。作為其中一員，黃桂祥全程見證了中國半個多世紀以來的巨大變化，對國家未來充滿信心。但一萬個人對生活會有一萬種感觸，黃桂祥對新中國改革、開放、發展的感悟與情懷，卻源於一摞持續了近 30 年的家庭收支 "小賬本"。

循著線索，我們 "順藤摸瓜"，輾轉多個 "中間人"，找到了黃桂祥。黃桂祥很樂意接受我們的訪談，他告訴我們，前些日子，因為考慮購買房子而涉及籌資的問題，他愛人捧出一摞 "小賬本"。賬本上這些略帶陳味的家庭收支憑證，一頁頁的數字符號，都記載著歲月濃濃的滋味與色彩，也見微知著地折射出中國改革開放的軌跡。

## ◎ 一張手寫的購物小票，勾起了遠去的記憶

黃桂祥小心翼翼地翻看著眼前的"小賬本"，這是一本上面用鉛筆寫著"1999年"的淺啡色筆記本，在扉頁處粘貼著幾張長短不一的"發貨小票"，儘管票面文字已有些模糊，但仔細辨認依然能看出記載的內容。這是當年他參加稅務機構"徵、管、查"三分離改革（徵收、管理、檢查，編者注）時留下的簡單記事本，黃桂祥的妻子利用它作為家中收支紀錄，並用力寫下了上面的日期。

黃桂祥指著一張泛黃的、上面寫著265元的手寫購物小票回憶道，當時他剛從粵東扶貧回到原工作崗位，沒太講究穿衣戴帽的細節。想到領導要安排自己到一個地級市稅務局工作，不能總像下鄉一樣隨便將就，便在報到後第二天下班路過琳琅滿目的服裝檔口時，下決心買下兩套棉滌混織的夏秋通用衣褲，加上一雙"懶人"皮鞋和短筒襪子，一共花了265元，這下"出門"信心的確大增。黃桂祥笑著說道，因為接連穿起新衣新褲，同行的一位羅姓領導，不止一次笑他"近期好衣好穿

一本本帶著陳味的老賬本，記錄著歲月的點點滴滴

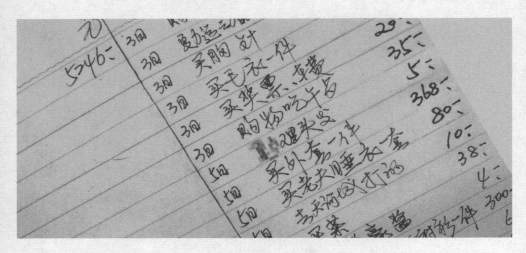

衣食住行用，記賬就是
記生活

一筆筆看似瑣碎的記
錄，充滿著生活的溫情

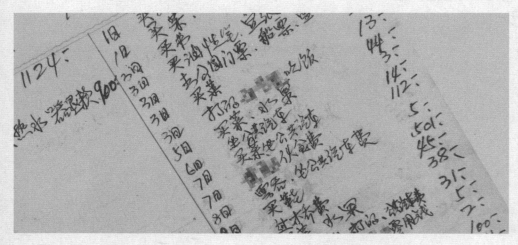

的，帥氣多啦，是否有什麼喜事呀？”“其實，就是平常見我樸素慣了，這回‘少見多怪’調侃幾句，開開心，慢慢也就淡忘了。”黃桂祥說道。

這次訪談中無意間翻開“小賬本”，看見幾張分別寫著衣衫、鞋襪內容的票據，又勾起黃桂祥 20 年前的記憶。他深情地告訴我們，買下的衣褲已漿洗發白、露出倦意，所幸仍常常“侍候”自己。想起當年，穿上這些衣服奔波在基層各單位，抓收入、促改革、帶隊伍精神抖擻，樣樣走在前、年年當先進，心裏至今依然感覺十分充實和欣慰。而當年關心、調侃自己的領導早已退休。從老賬本裏的“新衣服”，到衣櫃裏已經發白洗破的“舊物件”，它記載著一個稅務幹部勤勤懇懇搞改革、謀發展的工作軌跡。黃桂祥笑著說道，有機會應穿上這些更有質感的衣衫探訪老同志，重溫和發揚深入基層推進改革的拚搏精神。

## ◎ 工資漲了不少，稅務人也是納稅人

家庭的賬本大多是簡單甚至是粗糙的，但對於當事人來說卻清晰明了。黃桂祥家的“小賬本”，就是簡單的流水賬，沒有企業或單位記賬規則。首頁左上角都是“上月或上頁結餘”，接著是頁內中間畫一條“楚河漢界”，一邊記著收、一邊記著支，一目了然，偶然也有一些專門收支的備注。看似大同小異，而翻開粘著票據的“小賬本”細細看、前後對比看，卻能揣度出不少的“道道”。

其中，最引人注目的是多年來家庭收入的變化情況。黃

桂祥回憶說，1980 年在財稅部門參加工作時，月工資是 27.5 元，進入 2000 年前後，在廣東這個改革開放先行省份的省直機關工作，除了基本工資，還有獎金、地區補貼等，各項加起來也就是每月 2,000 元左右。從小賬本看，彼時已開始有"住房公積金"收入，但數額仍在"初級階段"，少得可憐，算是與當時房市、房策和總體物價相適應。過低的收入，仍無法讓這些拿薪水的公務員，在衣、食、住以外有更多奢想。根據小賬本的紀錄，黃桂祥家多年"水電費"月均六七十元，即便夏季黃桂祥也常常帶頭忍受熱暑，極少享用空調。說來真是嚴苛和節省，久而久之也養成了"特別能忍耐"的品質。

而到 2008 年後，經受了全球金融危機的考驗，中國社會經濟發展進入新一輪高潮，企業稅源豐裕、政府財政充足。因此水漲船高，公務員工資、獎金收入也大額度增加。從 2009 年起，"小賬本"開始反映黃桂祥有"個人所得稅"代扣代繳紀錄，從每年幾千元到萬餘元的納稅紀錄，年終會準時收到稅務系統同行寄來的精緻稅票。"以此為標誌，我們正式成為光榮的納稅人，有一種證明自己是工人階級的一部分，在機關裏同樣創造生產價值，能夠奉獻社會的自信與成就感。"黃桂祥深情地說道。


◎ 大筆支出，提升生活品質，折射消費升級

順著以時間為標記的序號，繼續翻閱賬本。目光轉移到 2012 年及以後的小賬本。還是多年未變的記賬形式，但感覺小本子越來越簡潔、輕便。黃桂祥說，原因是最近幾年"互聯網

+"進入了個人家庭生活，收支方式發生新的變化，包括消費憑證也改變過去大張用紙的做法，變成電腦打印、方整而薄小的樣式。

更重要的是小賬本記載的信息日趨豐富，支出項目變得更多、金額更大。進入 2013 年後，伴隨著中央八項規定（2012年 12 月 4 日，中共中央政治局召開會議，審議通過了中央政治局關於改進工作作風，密切聯繫群眾的八項規定，編者注）等政策和精神的不斷落實，以往不合理、不規範的應酬費、交通費等支出很快得到糾正，進而在小賬本的原始票據上，明明白白地記載了這段歷史性的變化。

尤其是 2014 年年初，省直機關"公車改革"進入攻堅階段，在不少"公車族"還在觀望、猶疑之時，黃桂祥便和妻子商量帶頭順勢而變，果斷地參加了廣州市個人車牌網上抽籤活動，並在 2014 年 3 月份順利購回心儀車輛，小賬本自然也記

二十年前的賬本，二十年前的回憶

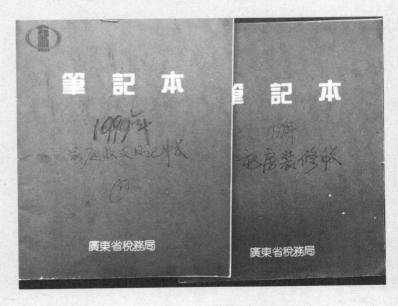

| | 12- |
|---|---|
| 上月结余: | 70- |
| 3日 打孔充位刷卡 | 137.60 |
| 4日 补革包刷卡 | 30- |
| 4日 购则脂刷卡 | 115.80 |
| 5日 买革刷卡 | 13- |
| 5日 买革刷卡 | 3.50 |
| 7日 补胶刷卡 | 20- |
| 10日 买革刷卡 | 6.93 |
| 11日 买革刷卡 | 61.87 |
| 12日 买革刷卡 | 8.29 |

| 15日 买革刷卡 | 87.04 |
|---|---|
| 17日 买革刷卡 | 4.20 |
| 17日 买画刷卡 | 3000- |
| 17日 买革刷卡 | 22- |
| 17日 买笔刷卡 | 12- |
| 21日 买革刷卡 | 4.67 |
| 22日 买保温盒刷卡 | 98- |
| 22日 买小孩儿袜子衣服刷卡 | 164- |
| 23日 买革刷卡 | 6- |
| 23日 买革刷卡 | 7.50 |
| 23日 买革刷卡 | 5- |
| 23日 买革刷卡 | 8- |
| 24日 阿芳入伙买衣果刷卡 | 250- |
| 25日 买革刷卡 | 24.04 |

| 15日 买革 | 87.04 |
|---|---|
| 17日 买革 | 4.20 |
| 17日 买画 | 3000- |
| 17日 买革 | 22- |
| 17日 买笔 | 12- |
| 21日 买革 | 4.67 |
| 22日 买保温盒 | 88- |
| 22日 买小孩子衣服 | 164- |
| 23日 买革 | 6- |
| 23日 买革 | 7.50 |
| 23日 买革 | 5- |
| 23日 买革 | 8- |
| 24日 阿芳入伙买衣果 | 250- |
| 25日 买革 | 24.04 |

賬本上支出的變化如實地記錄了生活的越來越美好

"公車改革"後，黃桂祥家最大的開支是一輛"漢蘭達"

| 2014年消耗总数 | | |
|---|---|---|
| 1月份 | 1070.80 | |
| 2月份 | 1360- | |
| 3月份 | 1814.50 | |
| 4月份 | 3436.25 | |
| 5月份 | 1440- | |
| 6月份 | 2264.50 | |
| 7月份 | 6761.61 | |
| 8月份 | 6440.70 | |
| 9月份 | 5028.50 | |
| 10月份 | 5851.40 | |
| 11月份 | 2783.86 | |
| 12月份 | 283- | |
| 合计: | 37935.87 | |

載了"漢蘭達"的資產價值。只因近 40 萬元的巨額支出遠超當月（年）收入，而暫作"赤字"留後統籌處理。隨後幾年，黃桂祥家又有幾項涉及生活的大額開支，都靠夫妻長期積累而從容負擔。黃桂祥深有感觸地說，有嚮往、有品質的家庭生活，無疑也是一種對改革開放最真切的感恩與致敬，更是對新中國成立 70 年偉大成就的具象體現。

"這個小賬本之前的七八本記賬本，因為兩次搬家，已經找不到了。"黃桂祥補充說。"好記性不如爛筆頭"，我們從現存的第一本翻起，一直追尋到目前（2019 年 5 月）收支，皆歷歷在目。應該說，記錄、收存小家庭的日常收支實況並不難，難的是長年累月的堅持，以及理性持家"錙銖必較"的勤儉。

儘管一個家庭的日常收支是微觀、瑣碎的，並且也有為生兒育女、為在城裏購置房產的煩惱，但無怨無悔的執著，既為家庭的勤勞、清風存證，也記載著一個時代緣起、發展的民間真切故事，更預示著千千萬萬家庭攜手奮進在國家走向民主富強的偉大征程上！

機關幹部領取的是財政規定的工資，量入而出，開支自然也要與收入匹配，一本機關幹部家的小賬本可以折射祖國向前發展的"大變化"。"家庭是小社會，社會是大家庭。"黃桂祥的賬本，講出了中國千千萬萬個普通家庭生活的酸甜苦辣，每一個故事都打上了時代的特殊烙印。每一筆大大小小的收支，生動反映了普通居民收入水平的提高以及衣食消費的升級、消費觀念的轉變。從家庭故事到社會生活，它是一個時代的經濟縮影。一冊冊老賬本，組成了一部新中國成立 70 年的經濟社會變遷史。

接下來，我們從黃桂祥的賬本故事出發，從老賬本的"新衣服"和"所得稅"說起，談談新中國成立以來，特別是黨的十四大確立中國特色社會主義市場經濟體制以來，大家衣食消費和收入分配的變化。

## 美好生活，從衣食消費升級開始

一套"新衣服"的開支，喚起了黃桂祥的往事。與黃桂祥的賬本類似，相信大多數人的家庭賬本裏，衣食住行相關的開支都是永恆不變的條目，特別是關於吃穿這兩類最基本的生活支出。往小了說都是些每天碰到的柴米油鹽醬醋茶的"芝麻事"，往大了說卻是洞察中國經濟發展和社會變遷的"晴雨表"。

## ◎ 從吃飽穿暖到吃好穿好

　　吃飽穿暖是人們獲得幸福的最低標準。新中國成立 70 年來，中國老百姓的飲食著裝觀念和方式都發生了翻天覆地的變化，觀念從吃飽穿暖到健康時尚，方式從千篇一律到豐富多彩。從飲食支出看，從吃得飽到吃得好，種類更多了，質量更好了，搭配也越來越合理，越來越強調健康；從穿衣著裝看，從買衣服到選衣服，樣式更多了，色彩更豐富了，越來越突出個性，越來越注重時尚。

　　先來看看"吃"。

　　民以食為天。新中國成立初期，物資緊缺，國家採取發放各種商品票證的方式，保證群眾的基本生活需要。每個人、每個月的米、麵、油、肉，乃至於生活日用品的供應都有定額，大家都掰著手指頭算數過日子，精打細算才能勉強吃得八九分飽。隨著中國改革開放和市場經濟的發展，商品供應很快豐富起來了，人們結束了憑票換東西的日子，吃飽的問題基本得到解決。吃飽後，人們的食譜逐漸發生了變化，魚肉蛋奶的比例不斷增加，以前只有過年才能見到的"葷腥"，現在每天都在餐桌上擺著。各種蔬菜水果也都搬上了人們的日常餐桌，想吃就能吃得上，人們的幸福日子充分體現在餐桌上。

　　隨著生活質量的進一步提高，大家的飲食結構又隨之發生變化：從吃得好到吃得健康。大魚大肉不再是人們的飲食追求，健康飲食習慣逐漸成為人們追求的目標：多吃低鹽、低糖、低脂肪食物，多吃新鮮蔬菜和水果，吃飯吃到七八分飽為最好；之前不被大家喜愛，甚至被認為是代表貧窮生活的食物，如紅薯、苦蕎麥，也都搖身一變成為人們補充膳食纖維的好東西。大家越來越重視健康,越來越重視食物的營養和搭配,清淡飲食和簡單烹飪更受到人們認可。大家的食譜從做加法再到做減法,是因為人們明白,只有健康硬朗的身體才能享受美滋滋的日子。

再來說説"穿"。

人美靠衣裝。新中國成立到改革開放這段時期,中國基本上還處在短缺經濟階段。由於布疋等商品供應嚴重匱乏,人們買衣服需要布票,數量也極為有限,多季一衣,甚至一件衣服年頭穿到年尾,而且數量有限,色彩、樣式也很單調。當時的服裝市場還是一片空白,商場裏賣的基本上是布料,大家買了布料之後,再找裁縫裁剪縫製。布料的種類單一,一般只有梭織面料、棉麻等材料。衣服款式很少,沒有過多的款式設計,人們穿著的第一追求還是保暖遮羞。大多數 1990 年之前出生的人,都有逢年過節被媽媽拉著去買布料、量身材、做衣服的暖心經歷,那可是當時過年重要的儀式性活動之一。

經過八九十年代市場經濟的快速發展,人們的衣服逐漸豐富多彩起來,商店裏各種品牌、各種款式的服裝爭奇鬥豔,服裝表演成為人們追求時尚的靚麗風景線。衣服不僅是人們禦寒的工具,更是展示風度和顯現個性的載體。各類服裝店遍佈大街小巷,面料種類繁多,款式每一年都會有新變化。據不完全統計,2018 年中國每年女裝銷售額接近 1 萬億元。人們穿上符合自己身形特徵和個性追求的衣服,身體上更舒適了,心理上也更愉悦了。大家甚至打趣道,每個女人的衣櫃裏總是缺少那麼一件衣服,逛街買衣服逐漸成為一種流行的休閒生活方式,既帶動了市場的發展,也讓人們的生活豐富起來。

當年過日子都要精打細
算，餐桌上蘿蔔白菜是
家常菜

隨著生活條件逐漸好
轉，各種肉類開始出現
在大家的餐桌上

現在的生活，越來越重
視吃的質量

自己做衣服，也要先憑
票買布

2019.5.4 Li.xh

雖然款式老舊，但擋不
住穿新衣服的喜悅

2019.5.1 Li.xh.

現在買衣服要把款式放
在第一位

## ◎ 吃穿變化背後有大學問

改革開放以後，中國實現了從計劃經濟體制向市場經濟體制的轉型，中國的商品供給制度發生了根本性的大變化。1993年5月北京最後停止使用糧票，糧票全面退出歷史舞台，是中國從計劃經濟向市場經濟轉軌過程中的標誌性事件。中國徹底告別了票證時代，這給人們的生活帶來了巨大的改變，其中最為直觀的便是衣食消費的變化。

老百姓吃穿消費支出在穩步提升，但佔消費支出的比重卻逐步下降。新中國成立以來人們的收入水平逐漸提升，老百姓在飲食和衣著方面的消費也在穩步提升。國家統計局的數據顯示，1990年城鎮居民人均現金支出中，食品支出693.77元，佔總比54.25%，衣物支出170.90元，佔比13.36%。而到2011年，隨著收入的不斷提高，用於食品消費支出5,506.33元，用於購置衣物支出1,674.70元，但是食品比重降低到36.32%，衣著比重則降低到11.05%。同時，2011年城鎮居民家庭的恩格爾係數（Engel's Coefficient）為36.3%，與1992年的53%相比，降低了16.7%，恩格爾係數呈現越來越低的趨勢。這些數據的變化，直觀地體現出人們衣食消費水平的提高，從生存到生活，從過日子到享受生活，改革的春風把發展的成果吹進了千家萬戶。

飲食上，食物結構日趨優化。改革開放以前，老百姓追求吃飽，糧食以植物性食物為主，動物性食物較少，膳食質量不高，蛋白質、脂肪攝入量都低，能勉強滿足需要，屬於營養缺乏型飲食結構。改革開放以後，隨著市場經濟的不斷發展，中國取消了長達30多年的農產品統購派購制度，農民生產的積極性得到了極大提高。1997 年年底，全國農副產品批發市場發展到約 4,000 家，"菜籃子" 體系基本形成，居民的 "米袋子"、"菜籃子" 滿了，食品選擇多了，隨之而來的就是飲食結構的變化。人們越來越重視改善膳食質量，注重飲食搭配的均衡。例如，肉禽及其製品方面，2011 年全國人均消費支出增長到 1,105.93 元，人均購買 35.17 千克；奶類及奶製品方面，2011 年全國人均消費支出增長到 234.01 元，人均消費量為 13.70 千克，均呈現穩步增長的態勢。

著裝上，凸顯舒適和個性。人們的衣物消費經歷了從保證穿暖到追求時尚的過程。票證作廢後，中國的服裝行業得到快速發展。物美價廉逐漸成為中國服裝的一個標籤。服裝業的快速發展，給人們的衣物消費帶來了巨大的改變。現在，人們穿衣更加追求簡潔舒適，越來越注重時尚和美觀，追求以著裝凸顯個性。當然，這一切源於人們收入的不斷提升，給了老百姓衣著改頭換面的底氣。購買衣物的數量也得到巨大的提升，一件衣服穿兩三個季節的現象基本消失了，取而代之的是一季多衣，人們的衣服逐漸豐富多彩起來，商店裏的服裝品牌爭奇鬥豔，衣著時尚的俊男美女已成為城市中一道靚麗的風景線。

## ◎ 改革發展之變驅動消費觀念之變

改革開放以來，中國消費品市場經歷了從短缺到寬鬆的改變，消費升級這一詞在老百姓的身上體現得淋漓盡致。追溯到 20 世紀 80 年代，那個時候的中國經濟運行仍然存在明顯的計劃經濟色彩。由於市場運行相對僵滯，流通渠道單一，供應仍顯短缺，不少重要商品實行有計劃的憑票證限量供應。一旦傳出要漲價的消息，不問商品好壞，人們就會一搶而空。在這個階段，消費是為了解決溫飽問題，對改革前長期未能得到滿足的消費需求進行"量"的補償，處於數量擴張階段，對消費品質的關注不足。

進入 90 年代以後，隨著市場改革的發展，生產力上來了，物品短缺的時代基本宣告結束。人們的錢袋子也更鼓了，消費的話語權真正轉移到老百姓手上，實現了"能買什麼"到"想買什麼"的根本性轉變。在這一階段，消費總量規模迅速擴張，2011 年全社會消費品零售總額 181,226 億元，比上年增長 17.1%，分別是 1978 年和 1992 年的 116.3 倍和 16.5 倍，居民消費佔全國 GDP 比重為 31%，反映出老百姓越來越敢消費、願消費。同時人們的衣食住行消費內容也實現了升級，相繼經歷了彩電、冰箱、洗衣機、空調熱和住宅、汽車、手機熱，人們生活的品質大大提升。

物質作用於意識，人們消費觀念也因發展而不斷轉變。曾幾何時，"新三年，舊三年，縫縫補補又三年"是改革開放前那個年代中國人所遵循的穿衣習慣，哥哥姐姐穿過的衣服給弟弟妹妹，是五、六、七十年代人們的集體記憶。不經意間，市場已經天翻地覆。隨著經濟的發展、收入的提高，中國居民消費觀念實現由傳統消費不斷向追求時尚、舒適享受型消費轉變，消費升級是這個時代不可阻擋的趨勢潮流。國民經濟的快速發展使得產品供給大為豐富，為居民追求消費的時尚化、多樣化提供了物質基礎。商品市場也已經由新中國成立初期的賣方市場轉變為現在的買方市場，在激烈的市場競爭中，企業為了生存下去絞盡腦汁，推出各種各樣的新產品，對過去追求經久耐用的消費觀念形成巨大衝擊，極大地刺激了居民的購買慾望。

　　隨著西方文化的進入，傳統消費觀念發生了轉變，使得人們直面注重個性、追求時尚、超前消費和及時享受的消費觀念的衝擊。消費觀念從理性到感覺再到感性，極大地影響了人們的消費行為。人們越來越注重品牌，品牌不僅保證了質量，從某種程度上來説，還滿足了人們的精神需求，販賣的是一種感覺。除了耐用消費品觀念的轉變，奢侈品消費在中國也越來越繁榮。奢侈品作為最能反映這個時代居民消費升級的代表性商品，國際名錶、珠寶首飾、高檔服裝等商品正逐漸成為高品位的某種象徵，背上心儀的某名牌包包成為眾多女性的"小目標"。

# 市場活了，錢袋鼓了，差距小了

前文的賬本故事中，黃桂祥家的生活得到大改善的前提是，收入提高了；也因為收入提高了，還交了個人所得稅，徵稅人也成了納稅人。收入，應該算是家庭生活中大家最關注的問題了。接下來，我們回顧和分析下關於"錢袋子"的事兒。

## ◎ 收入多了，結構更優化
　　收入是所有賬本故事中的"總閘門"，沒有收入，就沒有支出，更沒有賬本。新中國成立 70 年來，百姓的"錢袋子"是反映其生活質量的最直接體現。收入是勞動者參與社會生產、獲得社會認可的貨幣化表現，也是滿足勞動者生活需要、進行再次勞動投入和實現自我發展的物質基礎。它一方面連著生產，一方面連著消費，是整個社會運作的關鍵環節。所以，勞動者獲得合理收入，既能促進社會生產的持續健康發展，又能滿足人們對物質和精神的需求，是需求和供給的統一。

新中國成立以來，隨著中國經濟不斷發展和收入分配體制持續改革深化，中國城鄉居民的收入發生了巨大的變化。主要變化如下：

一是收入水平不斷提高。隨著中國農村家庭聯產承包制和以城市為重點的改革持續推進，中國經濟駛入了快車道，城鎮和農村居民人均可支配收入均實現了數十倍的增長。根據國家統計局數據，1978 年，中國城鎮、農村居民可支配收入分別為 343.4 元、133.6 元，而到了 2012 年，中國城鎮、農村居民可支配收入分別增長到 24,126.7 元和 8,389.3 元，城鎮和農村居民收入均大幅度提高。

二是收入來源更加多樣。收入來源不斷多樣化。改革開放以前，中國居民的收入來源相對單一，農村實行統一的“公分制”，城鎮基本實行配給制，收入來源的單調導致了人們的收入水平普遍不高，且增長徘徊不前。隨著由計劃經濟體制向市場經濟體制的轉變，中國的居民收入來源不斷多樣化，工資收入、經營收入、財產性收入和轉移性收入是居民總收入的主要構成形式，收入來源的多樣化保障了居民生活水平的持續提高。

三是收入結構持續優化。隨著中國收入來源的不斷多樣化，各種收入成分的結構也在發生著變化。根據國家統計局數據，中國農村居民工資性佔比在不斷提升，說明隨著人口流動，大量農業人口獲得了工資性收入，也從側面說明中國城鎮的就業容量在不斷擴大。財產性收入佔比雖然變化緩慢，但是隨著居民收入水平的不斷提高，這部分佔比也將不斷擴大。轉移性收入也呈現不斷增長的趨勢，這主要得益於中國社會保障體系的不斷完善。近些年，在中國教育、醫療、養老、社保等方面的投入力度也不斷加大。

四是收入分配更加合理。隨著經濟這個蛋糕的做大，如何更好地分配這個蛋糕成為中國需要解決的重點和難點。通過規範收入分配秩序，進一步促進收入分配合理化。通過對特殊行業改革，打破市場壟斷，放寬企業准入門檻，引入競爭機制，調整國家和企業的分配關係，對壟斷行業嚴格實行工資總額控制，對企業職工收入分配加強監督。此外，規範公務員和事業單位職工的工資制度，按照不同的行業性質，實行相應的公務員工資制度等加強對收入分配的調節，建立財政稅收制度，堅決阻斷侵吞公有資產、行賄受賄等非法收入來源。

## ◎ 公平與效率的權衡 —— 收入分配體制改革的歷程

改革開放以來，在實踐探索中，不斷調整中國的收入分配制度，在做大做好收入這個蛋糕的基礎上，調整好分配體制，儘可能讓發展成果惠及更多人。計劃經濟時代，收入分配制度看似合理，但普遍貧窮，隨著改革的不斷深化，中國初步建立了與中國社會主義市場經濟體制相適應的，以按勞分配為主體、多種分配方式並存的分配制度。回顧幾十年改革的歷程，中國的收入分配體制改革經歷了如下四個階段。

第一個階段，即為確立按勞分配的階段，從時間上大體可以界定為 1978 至 1987 年。1978 年，中國召開了十一屆三中全會，開啟了收入分配體制改革的新征程。安徽鳳陽小崗村率先開展家庭聯產承包制度，極大地鼓舞了人們的生產積極性，超額完成國家和集體任務。中央肯定了這一做法，認為其經營經驗可以推廣到全國，並在 1982 年以政策文件的形式正式確立家庭聯產承包責任制。1984 年召開的十二屆三中全會，提出要加快以城市為重點的經濟體制改革，實行了廠長責任制，並由企業自己決定職工獎金，合理地拉開工資差距。

第二個階段，即以按勞分配為主體、多種分配方式並存的階段，時間則為 1987 至 1997 年。這一階段以十三大的召開為起始點，報告指出要"以按勞分配為主體，其他分配方式為補充"，要讓個人先富起來，但是不能造成貧富差距過大的局面。

從前只有在需要生活必需品的時候，才會去商店

生活越來越好，自己的
外在形象也越來越重要

收入高了，日子好過
了，不用等到過年也能
給孩子添置新衣服

十四屆三中全會，在《中共中央關於建立社會主義市場經濟體制若干問題的決定》文件中，正式提出"多種分配方式並存"，第一次提出"效率優先，兼顧公平"以及把競爭機制引入勞動者的個人報酬。

第三階段，即為按勞分配與按生產要素分配相結合的階段，時間界定為 1997 至 2002 年。分配方式不是判斷一個國家性質的標準。在按勞分配為主體、多種分配方式並存的基礎上，十五大報告提出要"把按勞分配與按生產要素分配結合起來"，保護合理收益，激發生產積極性。這樣既保障了公平，也提高了效率。

第四階段，即收入分配體制的完善階段，在時間上大體可以界定為 2002 年至今。中國的所有分配制度改革，最終都是為了實現共同富裕。實行改革開放，以先富帶動後富。十六屆三中全會指出，要不斷擴大中等收入者比重，並提高低收入者收入水平，最終實現共同富裕。提高低收入者收入的同時，有效調節過高收入，讓收入分配的天平儘可能的平衡。十七大報告進一步指出，要"提高勞動報酬在初次分配中的比重"，充分體現出勞動是價值源泉的這一理念，通過扶貧、提高最低工資標準等措施，讓群眾擁有更多財產性收入。十八大報告更是提出要千方百計增加居民收入，使得中國收入分配更合理、更有序，縮小收入分配差距，讓人人充分享受到改革帶來的紅利。

## ◎ 收入分配制度改革的著力點

改革開放以前的 20 多年，中國處於計劃經濟時代，實行的是先集中，再平均分配的模式，吃"大鍋飯"一詞就出自這個時期。隨著對農業、手工業、資本主義工商業三大改造的完成，中國將生產資料的私有制轉變成社會主義公有制，對於分配，也就採取按勞分配的方式。雖然這一分配方式符合中國社會主義國家的性質，也與當時的政治環境吻合，但是仍然存在很多弊端：

（1）平均主義傾向太嚴重。工農階層在舊時代受到嚴重壓迫，新中國成立後，人民想要當家作主，片面強調共享社會主義國家的成果，導致了平均主義思想在分配中佔據主導地位。"不患寡而患不均"的思想，在那個百廢待興、生產力嚴重落後的時代，是不適用的。生產高度集中，而生產力卻跟不上，平均主義傾向引發諸多問題。

（2）單一的分配制度扼殺勞動者的積極性。勞動的種類多種多樣，有腦力勞動、體力勞動，繁重勞動、非繁重勞動之分。而這種單一的分配方式，抹殺了這種區別的存在。人們幹和不幹都一樣、幹多幹少都一樣，久而久之，還有誰會努力幹活呢？導致了各種偷懶和"搭便車"的風氣隨處可見，這種嚴重的平均主義不僅不會使中國走向共同富裕，反而會導致共同貧窮。

改革開放以後，在堅持按勞分配的原則下，中國開始利用市場來靈活地調節收入。為了建立社會主義市場經濟體制，黨的十四大推出了一系列改革措施，包括把企業推向市場、實行政企分開的制度，深化分配制度、社會保障制度和加快工資制度改革。這些改革的著力點包括：

（1）在初次分配中，市場起主導作用。市場主要是通過供求關係、價值規律、競爭等來決定人們的合理收入。勞動力作為一種生產要素，一定會受到勞動力市場的影響，勞動者收入報酬的高低也會受到市場供求關係的影響，這正是市場經濟發揮作用的表現。利用市場這隻"看不見的手"，靈活調節擇業和收入分配，從而使得各種勞動力的配置效率不斷得到提高，人盡其才，人盡其用，對勞動者個人是好事，對社會發展也是好事。

（2）企業及其勞動者的收入也受市場的調節。在市場經濟下，產品的價格是由生產它的社會必要時間和全社會生產某種產品需要的平均時間共同決定的。企業及其勞動者的收益也要受社會必要時間的制約，通過它們各自產生的經濟效益進行分配。企業在市場激勵下，只能不斷改進技術、優化結構，來尋求更多的經濟利益分配，這也促進了整個社會生產效率的提高。

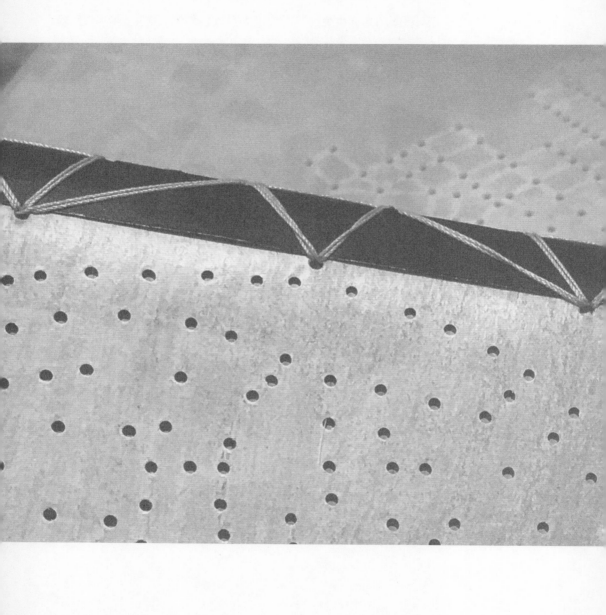

# 賬本中關於家的那些事

## ——梁順燕母女的賬本故事

# 打造一個溫馨的家
# 梁順燕母女的賬本故事

置業和裝修，對許多人來說是記憶猶新、意義非凡的，很多時候往往是一個家幸福的開端。本次賬本故事的主人公梁順燕，1967 年生於廣州，在這個城市中成長生活、成家立業、買房育兒。或許是出於多年從事財務工作的原因，梁阿姨養成了隨手記賬的習慣。翻開一張張整齊泛黃的單據票證，從自己新婚、讓父母住上電梯房到現在女兒的新家，母女倆與我們分享那些年關於家的點滴故事，分享那些平凡的生活軌跡中所記錄的驚喜與感動。

## ◎ 新婚、裝修、女兒、空調

1991 年，在那個福利分房的年代，24 歲的梁阿姨與丈夫一起住進了老東山區（於 2005 年撤銷併入越秀區）的一間約 50 平方米的房子。"這可是我們第一套房子啊！"梁阿姨回憶道，當年夫妻倆結婚後，很快便幸運地分上了福利房，一室一廳，在一樓還帶有一個小院子。

雖然因年代久遠，當年的裝修記錄早已遺失，但梁阿姨清晰地記得，二十多年前夫妻倆籌劃裝修的那些日子。每天利用閒暇時間翻看關於家裝的各類報紙、圖書、雜誌，看到自己喜愛的風格、可供借鑒的信息便馬上用筆畫起來，詢問身邊有裝修經驗的親朋好友，到別人家裏去實地考察、學習經驗，請教相熟的裝修材料師傅。當年的信息並不像今天這麼發達，碰上疑難困惑只好到處請教他人，為了節省材料等各類裝修費用，只能勤快點多跑幾個家裝材料市場，向老闆們砍砍價，不同店舖間多比比價，如此才能挑出性價比最高的商品。

　　每每談及這些，梁阿姨不禁感歎時代變化之快，今天的年輕人只需上網搜索便會出現各式各樣的裝修攻略，足不出戶便可獲取關於裝修設計、材料、價格等各類資訊，更能一鍵下單、送貨上門……這些都是當年無法想像的。梁阿姨打趣道，新婚的時候與丈夫一起籌劃裝修，哪怕多跑幾個地方，也一點不覺得累。當時拋棄了傳統採用明線或外露電線盒的做法，直接將電線穿管後埋入牆中，為了節省支出，她丈夫更是自己動手拉電線，不怕辛苦也不怕麻煩。夫妻倆看到婚房裝修完成那天，感覺一切都是值得的。或許，這就是裝飾婚房對年輕夫妻們的特殊意義吧。

　　家庭式酒吧台的裝修設計，在 90 年代初剛剛興起流行。梁阿姨告訴我們，當年利用婚房的轉角處建成休閒吧台，在柔和的燈光下圍台而坐，別有一番情趣，這也是當時最引以為傲的時尚設計，親朋好友無不稱讚。後來搬家裝修時，仍延續了酒吧台的設計，不同的是利用吧台將客廳與餐廳進行隔斷，充分利用空間之餘增添了一些情調與浪漫。非常有趣的是，廣州人的春節有"行花街"的習俗，梁阿姨一家鍾情於被稱作"五代同堂"的黃金果，春節之時將一串"五代同堂"掛在酒吧台前，在傳統文化與現代藝術的碰撞融合下，寄寓的是一家人對健康團圓、幸福生活的美好願景。

1993 年，女兒出生，原來的一室一廳已不能滿足居住所需，梁阿姨便申請更換到一套 70 平方米的福利房。這套三室一廳的福利房已帶有簡單裝修，又因女兒剛出生不便翻新，簡單收拾過後便入住了。

最讓梁阿姨印象深刻的是，女兒出生時值盛夏，天氣非常炎熱。自己和女兒還在醫院，但有好幾天丈夫屢屢不見人，詢問他去做什麼，卻支支吾吾、答非所問。產後敏感多疑的自己不禁感到難過，是否生了女兒，丈夫便不待見我們母女呢……一切的疑慮傷感，在出院回家後都化為驚喜與感動。原來，丈夫那幾天都在四處奔走，為家裏裝上了第一台空調，想給妻子一個驚喜。當年的空調由於產量少，供應貨源十分緊張，需要憑批條購買。這台空調花費將近 4,000 元，對許多家庭而言是當之無愧的奢侈品。後來許多親戚朋友來家中看望剛出生的女兒，無不羨慕，女兒長大後總說："還好我晚點出生。"這一點一滴，梁阿姨都記憶猶新。

◎ "這次一定要好好裝修"

1996 年，女兒已經三歲了，當年未經翻新便住入的三室一廳已經顯得很舊了。為了給女兒更好的居住環境，梁阿姨與丈夫決定要重新好好裝修一番。有了當年裝修婚房的經歷，夫妻倆也算積累了不少經驗，從佈局設計到材料挑選，算不上精通但也已經比較了解了。最初夫妻倆的預算是十萬元以內，但最後實際花費將近 12 萬元，梁阿姨不禁笑了笑說，計劃永遠不如變化快，哪怕做好了預算，大部分人實際裝修時都會超過一些的。

舊屋翻新需要一家人搬離一段時間，梁阿姨一家在附近借住，於是賬本上出現相關的費用：搬屋 360 元，拆空調 150 元。梁阿姨現在回想起來，其實也是挺麻煩的，需要找借住之處、拆卸空調電器、打包行李等，當時可能還年輕，不怕折騰。雖然後來這套舊房裝修後只住了六年時間，但這六年恰恰是女兒童年最美好、最無憂無慮的時光，以致後來需要賣房的時候女兒還悶悶不樂了一段時間。是啊，女兒在這個房子中從懵懂孩童步入學生時代，對梁阿姨一家而言，這裏裝滿了太多太多的甜蜜回憶。

翻開泛黃的小本子，裏面記錄著當年裝修的一點一滴。那時候 70 平方米的房子土建大約 1.2 萬元，已經包括人工和基本材料，與現在動輒十幾萬的硬裝費用相比，簡直可以說是太劃算了。賬本中記錄著 "買拋光磚 7,600 元"，90 年代是拋光磚剛剛興起的時候，以前八九十年代大多使用的是馬賽克瓷磚和水磨磚，拋光磚款式多樣、美觀時尚，受到當時人們特別是年輕人的追捧喜愛，至今仍然是許多人家庭裝修的第一選擇。

梁阿姨向我們指出賬本中最大的支出 —— 全屋造木家具 6.5 萬元，包括造木和水曲柳。那個年代的人們，特別喜愛實木家具，認為其質量好、非常耐用，哪怕貴一些，需要找專業木工打造，十分繁瑣，但一想到可以用很久很久，也值得了。這些替換了房間和客廳的老舊櫃子，想著女兒以後讀書，又添置了一張書桌和一個書櫃。這張書桌和書櫃，後來搬家的時候也不忘帶上，雖然書桌的桌面上已經有各類油性筆、畫筆、小刀等留下的痕跡，但至今仍放在家中。書桌陪伴女兒度過了從小學到大學的整個學生時代。梁阿姨還清晰地記得，小時候在書桌前給女兒講故事、檢查作業、講解練習題，後來女兒學的知識似乎越來越難，書桌兩旁堆的試卷和練習冊也越來越多，自己經過女兒房門前也會小心翼翼，生怕打擾到她看書學習。

沙發 5,780 元、餐桌 4,726 元、窗簾布 1,850 元、抽油煙機 830 元、熱水器 340 元、冰箱 2,791 元、洗衣機 3,180 元、兩部空調 8,300 元……除了土建硬裝，裝修給人們最直觀的感受往往是家具電器的升級換代，摒棄老式陳舊的家具，換上時尚新式的家俬，添置各類家用電器。當年的電器基本都可以說得上是 "大物件"，特別是冰箱、洗衣機和空調，看似與今天相差無幾的價格，但在當時可以算是 "大支出"。電器畢竟不如家具耐用，還要期盼它能質量好些耐用些，壽命能長一些。當裝修完成搬回家中的一刻，明亮的房屋、全新的家具，梁阿姨一家感覺一切都是值得的，女兒在嶄新的家中肆意奔跑玩耍，給往後的日子增添了許多歡聲笑語。

◎ "如果能住上電梯房該有多好"

人們對房子的追求，背後更多的是對生活品質的追求、對美好未來的嚮往。梁阿姨告訴我們，曾經自己和丈夫無時無刻不幻想著有朝一日能住上電梯房。但是，談何容易呢？90年代的商品房價格普遍很貴（雖然比現在便宜很多，但當時沒有貸款，收入又低，普通工薪家庭也難以買得起），當年附近帶電梯的高層房屋，大約 8,900 港幣（約 10,000 元人民幣，廣州當時很多商品房是港商開發出售的）一平方米，這個數字梁阿姨仍記憶猶新。而且，當年一些樓盤的開發商跑了，成了徹徹底底的 "爛尾樓"，人們的首付更是血本無歸，大家對買商品房會有不小的擔憂和恐懼。其實，當年梁阿姨最大的心願，是讓年邁的父母住上電梯房，"自己還年輕，爬樓梯沒什麼的"，梁阿姨笑笑說，"但我們最擔心的就是老人家腿腳不好，爬樓梯不方便"。是啊，如果能住上電梯房，特別是對老人家，可以不用再為搬東西爬樓梯而煩惱，也可以不用擔心以後老了爬不動怎麼辦。這或許也是現在許多老舊房屋加裝電梯的原因吧。

"先讓老人家住上電梯房"，這是梁阿姨一家的心願。往後的幾年，梁阿姨與丈夫省吃儉用、勤奮工作，存下了一些積蓄。2000 年中國全面進入商品房時代，大批商品房開始規劃建成，房價與 90 年代末相比有所回落，梁阿姨為父母購置了第一套帶電梯的商品房，約 42 平方米的一室一廳，帶有大陽台，位於父母熟悉的老城區，當時幾乎動用了全家的積蓄。梁阿姨小心翼翼地翻出當年的票證，上面清晰地寫著首期 21,809 元、二期 146,279 元，總價近 17 萬元。"但花費遠遠不止這些"，當時第一代商品房基本上是毛坯房，後期裝修投入會比

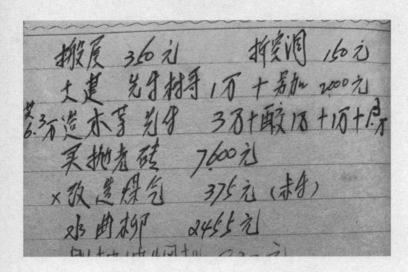

搬屋 350元　　折爹洞 150元
大建　先千村時1万 十另加 2000元
另.3万造木字先生　3万十酸18十1万十房
買抛老磚　7,600元
×改造煤气　375元（未）
水曲柳　2450元
別 ...

舊屋翻新的花費紀錄，一個既折騰又繁瑣的過程

灯飾3乂 1,700元
冰箱　2781元
洗衣机　3180元
文台　4726元
茅几　750元
双层床　1450元
固皮橋　240元

換了新屋，家具和電器趁機更新換代

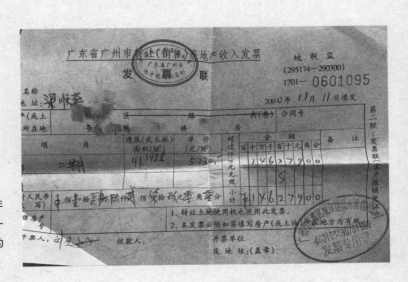

⑧ 儿童床及垫　　　　1678元

⑨ 窗帘　　　　　　　1840元

⑩ 更衣柜门（颖）　　1030元

⑪ 滚筒洗衣机（西子12.22）3860元

⑫ 消毒柜（玫可）　　1121元

⑬ 床垫　　　　　　　1881元

⑭ 挂钟　　　　　　　170元

⑮ 购不锈钢用品（信华）335元

⑯ 购用品2件

孩子和老人的花費，生活從來都是充滿各種愛和各種不容易

梁阿姨動用了全家多年的積蓄為父母購置第一套電梯房，只為年邁的老人不再爬樓梯

⑰ 7月12日 购铝瓶等 2 个　　　￥236.⁵⁰（欲出账）
⑱ 7月15日 购席梦床垫 1张　　￥827.¹⁰元
⑲ 7月1?日 购衣钩、衣架、纸篓等　￥145.—元
⑳ 7月21日 购木摇椅 1张　　　￥120元（可报账）
㉑ 7月21日 购玻璃瓶 1个　　　￥330元
㉒ 7月21日 购梳椅 1套　　　　￥1530元
㉓ 7月26日 购写字台 2个　　　￥193元
㉔ 8月1日 安装空调安装款 工 ￥660.⁷⁰元
㉕ 8月1日 购热化 1张　　　　￥2736.—元
㉖ 8月3日 购木竿小电视机　　￥?35元（可报账）

為老人特意購買的座
廁、床墊、搖椅，代表
著濃濃的孝心

③ 购空调 4部　　　　　　12597.²⁰
④ 购充电灯　　　　　　　295.—
⑤ 第二期装修款　　　　　18000.—
⑥ 余下装修款　　　　　　6172.—
A 2002.12月—2003.2 管理费　604.⁷¹
B 有线电视初装费　　　　380.—
C 煤气管道初装费　　　　3600.—
D 水电用费金　　　　　　400.—
E 博世热水器　　　　　　2480.—

A—D 〉

物業管理費出現在人們
的生活中，它讓人們居
住的品質越來越高

較大。

小小的紙張清晰地記錄了為父母房屋裝修的支出明細，硬裝修分四次給付，共 28,100 元。除此之外，都是一些家用必需品，包括洗菜盆 120 元、鐵門 1,500 元、大門 247 元、空調 4,850 元、熱水器 660 元、水龍頭 400 元、吊燈和燈泡 438 元等。翻看紀錄時我們發現，其中有座廁、床墊、木搖椅等貼心的物件，考慮到父母實際生活所需，更方便、更舒適、更實用是梁阿姨在裝修和購置家具時的首選條件。此外，為使小戶型房屋的視野能更加開闊，梁阿姨還時髦地採用了開放式廚房的設計，使客廳與餐廳融為一體，一邊做菜的同時也能與家人進行交流互動，整體氛圍更為溫馨和諧。

2000 至 2001 年，除了 56,453.3 元的裝修款外，梁阿姨夫妻倆為父母房屋裝修投入了大量的時間和精力，其間還發生過一件趣事。當時每逢週末，夫妻倆都需要去新屋監工、跟進裝修事宜，忽略了正在放暑假的女兒。可憐的女兒從週一盼到週五，好不容易等到了週末，爸媽不用上班了，結果又去了外公外婆家那邊搞裝修，為此發過好幾次脾氣，好不氣憤。在將近裝修完成時，有一次女兒實在忍不住了，說：「你們裝修霸佔我爸爸媽媽，以後我要拆了你的房子！」這可讓梁阿姨與老人家他們哭笑不得，女兒咬牙切齒、面紅耳赤的場景，至今仍歷歷在目。後來看到精美的房屋和明亮的衛生間，女兒當初的委屈不滿頓時煙消雲散，每次過去總賴著不想回家，每到寒暑假更吵著要去外婆家住上一段時間。

2002 年，梁阿姨與丈夫通過貸款購置了真正屬於自己的電梯房，104 平方米的三室一廳，帶有簡單裝修的標準交樓。越來越多的人更傾向於購買帶裝修的商品房，梁阿姨和我們說，這樣既省心又能節約後期的裝修費用。這一次的裝修，夫妻倆顯得更有經驗、更為從容不迫，在原裝修的基礎上，針對自己家的實際需要進行調整。例如，在女兒床前設有書櫃，方便取閱的同時又增加了圖書資料的收納空間，一舉兩得；房間採用木地板的設計，既高檔精美又防滑舒適；等等。

十多年前的賬本上記錄著這麼一項新支出 ——"管理費 604.71 元"，這個數字是梁阿姨一家一個季度的管理費，從 2002 年 12 月至 2003 年 2 月，交樓後即使未正式入住，這筆費用也是必須支出的。與福利分房不同，商品房往往配有物業管理公司，或為房屋開發商自營，或為外聘公司，管理人員們會與住客親切地打招呼，其他人進出均需要登記，24 小時安排人員值班。物業管理，就是一座樓宇的 "大管家"，它增加了小區住房的安全性，提升了人們居住的品質和體驗。

孩子的喜悅是最掩蓋不住、無法欺騙人的。新房裝修後，梁阿姨夫妻倆為女兒精挑細選了既舒適又可愛的兒童床墊、兒童被等床品，花費了 8,000 多元購置了家中第一台聯想電腦供女兒學習。當女兒進入自己房間的一剎那，滿臉的欣喜與笑容，很快便忙著自己收拾東西，也不讓別人幫忙。想起女兒當時迅速 "獨立" 起來的場景，梁阿姨實在是哭笑不得。

從福利分房、舊房翻新到讓父母住上第一套電梯房、自己購置房屋，梁阿姨賬本中記錄著的不是冷冰冰的數字，而更多是那些年關於家的記憶。為購置房屋省吃儉用、勞心勞力，為裝修設計盡善盡美、四處奔走，其初衷都是為了給家人提供更美好舒適的居住環境。梁阿姨還與我們分享了幾張發票紀錄，2007 年浴霸 298 元，2008 年液晶彩電 12,500 元、2010 年乾衣機 1,698.3 元，2013 年除濕機 3,015 元……越來越多"新成員"進入到生活中，一家人的生活品質也越來越高了。人們常說"龍床不如狗窩"，房屋對許多人而言，最重要的並不是虛高的房價、奢華的裝修，而是在家庭歲月中那些無法替代的溫馨回憶。

## ◎ 90 後女兒的家

關於家，關於房屋，關於裝修，是一代人又一代人的喜好與想法。梁阿姨有一位 90 後的女兒欣欣，2018 年通過貸款購置了一套 60 平方米、兩室一廳的房子，房屋貸款幾乎佔了女兒一半的家庭總支出。梁阿姨不禁感慨，現在年輕人壓力真的挺大的。與梁阿姨的傳統賬本不同，欣欣使用的是電子賬本，從硬裝施工到定製家具、購買家電，手機備忘錄上清晰地記載著其中的各項支出。

"現在的人工真的很貴"，欣欣告訴我們，即使在不改變房屋格局的前提下，施工硬裝的人工費基本上也與材料費持平。裝修公司動輒十多萬元的報價，讓年輕人不得不精打細算、貨比三家，才能選擇性價比最高的裝修團隊。人生屬於自己的第一套房子總是讓人異常緊張而興奮，大到瓷磚、門窗，小到開關面板、水龍頭、弱電箱的選擇，欣欣都貨比三家、親力親為。根據自己的設想，一磚一瓦地組砌起自己的家，永遠

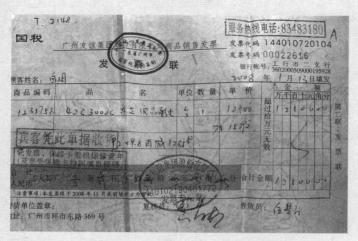

越來越高級的家用電器

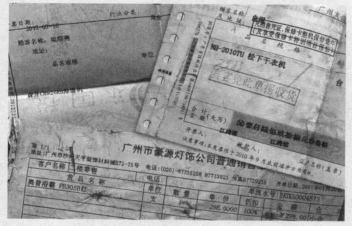

家裏不斷添置了提高生活
質量的電器

16:17

‹ 备忘录

2019年7月26日 16:17

装修：
硬装30000元（预计约70000元）
新中源瓷砖13384元（已付清）
全屋门定金5000元
物业管理费、电梯维护费、工卡等320元（押金1580元）（已付清）
弱电箱+模块271.57元（已付清）

女兒的電子賬本上，記載
著人工成本的不斷上漲

也不會與他人雷同，或許這就是家裝最大的樂趣吧。

　　櫥櫃定製約 25,000 元、洗碗機 5,499 元、浴霸 637.6 元、淋浴門約 4,000 元、馬桶 6,999 元、智能鏡櫃 2,340 元、現代風格浴室櫃 2,645 元……房間與客廳"門面"的精心設計與投入是可以理解的，然而女兒欣欣卻非常注重廚衛的設計，不惜花費大支出在廚衛用品上，色彩豔麗的烤漆櫥櫃、智能觸摸屏 LED 鏡櫃、遙控型多功能智能馬桶、自帶消毒功能的洗碗機等，這讓梁阿姨有些百思不得其解。是啊，時代在發展變化，家裝設計也與當年發生了很大的改變，從裝修師傅的手繪圖到現在 3D 立體的電腦效果圖，從找木工師傅打造家具到全屋定製的興起流行，從注重實用性到多樣的個性化設計，唯一不變的是人們在置業家裝中寄寓著對家人愛的付出，以及對未來的美好嚮往。

　　"安得廣廈千萬間，大庇天下寒士俱歡顏。"這是一千多年前杜甫的希冀，也是千百年來一代代中國家庭的安居夢想。民生連著民心，安居才能樂業，住房問題是重要的民生問題，事關社會穩定和群眾福祉。新中國成立 70 年來，城鄉居民的居住環境和居住條件得到巨大改善，基本實現了"住有所居"到"住有宜居"，溫暖、舒適讓房子不僅僅是房子，而且是心的歸屬、愛的港灣。

　　賬本裏梁阿姨家兩代人將近 30 年關於"住"的變化過程，相信很多人都有過類似的經歷。接下來，我們還是從賬本故事出發，說說關於房子、裝修和家的安居大事。

# 從"有得住"到"住得好"

### ◎ 從筒子樓到商品房：居住條件在改善

　　房子似乎是人一生中最重要的東西，從呱呱墜地到遲暮垂矣，它是一個人生活的棲息地。這塊建築物承載起來的空間，人的一生超過二分之一以上的歲月都將在此度過。改革開放四十多年來，人們的居住條件和居住環境發生了驚人的變化，由此也帶來了關於房子的諸多話題。從土房到蓋板房，從木頭房到水泥房，從平房到樓房，從福利房到商品房，從一家幾口人蝸居在不到二十平方米的斗室裏，到現在一家人享受寬敞的居室……當然，在一些大城市，伴隨居住環境和公共服務的改善，以及大量人口的湧入，房屋的價格也在不斷上漲，越來越多的年輕人面臨著巨大的購房壓力和高昂的生活成本。

歷史總是需要比較，才有更準確的坐標。改革開放前，中國實行福利分房制度，筒子樓作為頗具中國特色的一種住房樣式，正是七八十年代中國單位住房緊張的產物。筒子樓面積狹小，一條長走廊串連著許多個單間，每個單間有十幾平方米，被人們戲稱為"兵營"。廚房和廁所都是公用的，一條走廊每天演奏著鍋碗瓢盆交響曲。擁擠不堪，卻也帶來許多歡聲笑語，生活在筒子樓，是一代中國人集體的記憶。隨著時間消逝，筒子樓漸漸破舊，也不再能滿足人們的居住要求，於是大家把它重新改建，將裏面的單房改成了套房，單元的門前都安上了厚厚的防盜門，但筒子樓裏住的人還是不斷減少。它成為人們記憶裏的風景。

從 80 年代中期開始，國家建設的物質條件不斷改善，老百姓居住條件邁上了一個大台階，農村裏的茅草房逐漸改建為磚瓦房，城市裏許多人住上了帶有衛生間、廚房的單元房，梁阿姨最開始的第一套單位分房便是典型例子。過去筒子樓式的擁擠一去不復返，雖然説用現在的眼光去看房子仍然比較小，但在當時卻是又大又寬敞的家，私密性、舒適性也得到顯著提升。

進入 90 年代，國家開始大力實行住房制度改革，住房變成了家庭的重要財產。原先的福利分房漸漸被商品房取代，於是，房屋、樓價問題成了人們生活中最關心的問題。但毫無疑問的是，住宅的市場化讓樓房更符合人們的居住需求，從戶型設計到物業管理配套，人們的居住環境得到了極大的提升。

　　進入 21 世紀，在快速城鎮化的推動下，房地產業迅猛發展，住房的需求和供給相互促進，房子變得越來越寬敞明亮，除了硬件的變化，軟件的變化也切實改善了居住條件。隨著商品房市場的蓬勃發展，迅速帶動了配套產業的發展，各式各樣的家具、電器開始進入人們的住房。冰箱、彩電、洗衣機、空調、電飯煲、微波爐等一系列家電，可以説是現在每個普通家庭中最基本的家用電器。在改革開放之前，誰家要是能擁有一台收音機，就是一件了不得的事兒，那是需要全家人節衣縮食地攢上幾個月，才能夠買得起的一個大件家用電器。家用電視機的數量屈指可數，算是個稀罕東西，誰家有了電視機，誰家就成了"電影院"，周圍鄰居聚在一塊兒觀看，甚是熱鬧。

　　住宅周邊環境也發生了巨大的變化。之前大家都蝸居在筒子樓、石庫門、弄堂，每個家庭很少有獨立的廚房、儲物室等，樓道裏到處充斥著油煙味和堆放的雜物，居住環境比較差。如今居住的環境已經大為改觀，樓道整潔，大院管理有序，很多小區環境舒適宜人。幾乎所有的小區或樓宇，物業管理，消防、保潔都有保障。垃圾處理和綠化設施配套齊全，公共場地設有供居民健身娛樂的廣場，健身器材樣樣俱全。新中國成立 70 年來，中國人從"有得住"到"住得好"，生活質量穩步提高，基本實現了"住有其所"。

## ◎ 從大雜院到新設計：居住需求在提升

　　人民對美好生活的嚮往，一定包括居住需求的提升。隨著人們生活水平的不斷提高，對住房的需求也開始從數量轉向品質，居住需求向多層次、個性化、高品質轉變。20 世紀六七十年代，受到物質條件限制，城鎮住房多由國家分配，居民住宅大多面積小且設施簡陋，如北方的大雜院、南方的亭子間等。分到一套房成為當時大多數人的最基本需求，個性化、更舒適、高品質更是成為當時遙不可及的奢望。

改革開放以後，隨著中國住房制度的改革，商品房市場開始蓬勃發展。老式、狹小的居民樓已經不能滿足人們的需要，各式各樣的住宅小區拔地而起，樓房鱗次櫛比。幾代人擠在十幾平方米的地方，這種情形開始逐漸減少。其實 "人均居住面積" 一詞的出現，正是展現了中國居住質量的不斷改善。寬敞明亮的客廳，設施齊全的衛浴廚房，安靜舒適的臥室成為現代住宅的剛性需求，根據個人需要還配有書房、嬰兒房、健身

過去一家人住十幾平方米的房子，連洗澡都要到外面的公用澡堂去解決

沒有足夠的空間，晾衣
服也要見縫插針

狹小的活動空間裏，家
庭主婦總是等著孩子入
睡後再幹家務

房等特殊功能房間。人的住房需求，從居住面積這一數量指標上，得到了更大程度的滿足。

隨著消費需求的持續升級，老百姓的居住需求也在不斷更新換代。高層住宅、複式住宅、花園小區、單門獨院的特色別墅等多樣化的居住類型，層出不窮地湧現，充分滿足不同收入群體的差別化居住需求。人們對住宅的需求已不是單單局限於面積大，而是向更宜居、更健康的生活品質要求轉變，提升"居住體驗"成為今天很多家庭換房、買房的目標。為了讓居住體驗更好，家具從追求實用耐磨向注重品質、功能齊全轉變，美觀和健康成了人們挑選家具的參考因素。裝修注重個性化，充分滿足特色需求，房子成為一張畫卷，由人們自己親手描繪出自己滿意的家。

還有很重要的一點是，生態環保也成為人們衡量居住品質的重要指標。可持續發展觀念深入人心，綠色環保是健康住宅的關鍵。裝修材料、家具要健康、環保，家電儘可能採用低能耗型。合理利用太陽能等綠色能源，越來越受到建築行業的重視。設計上，按照"陽光適度"的原則，廳、臥室大量採用落地窗、外飄窗及角窗設計；外牆採用保溫體系，大大降低了能源損耗，有利於節能和延長住宅樓的使用年限。住宅也要與自然和諧相處，綠色生態健康住宅成為 21 世紀住宅消費的新熱點、新賣點，也正滿足人們高層次、高品質的居住需求。

房子，要成為可以居住的地方，裝修往往是個不可缺少的過程。很多人對家的認知，除了房子，就應該是裝修了。正如賬本中梁阿姨一家關於"家"的記憶，幾乎都跟裝修聯繫在一起。

# 裝修，讓房子成為家

## ◎ 裝修的時代印記

　　古人講究先成家後立業，成家跟房子緊密聯繫，房子要成為家，裝修、裝飾不可少。中國人對住房裝修的追求似乎蘊含著一種"我家固我樣"的情結，裝修風格如房屋主人之性格，打造屬於自己的家，對他們來說充滿著使命感和歸屬感。嚴格說來，普通居家的裝修，在中國的發展歷史其實並不長。當人們從過去一家幾口擠在十幾平方米、二十幾平方米的小房子，搬進了六七十平方米的房子，這才給裝修提供了施展的平台。回顧中國裝修的時代變遷，從側面記載了一代代中國人的生活變化和審美情趣，給每個時代鐫刻下獨特的印記。

　　20 世紀七八十年代家居裝修和裝飾大多是為了滿足基本生活需要，人們的腦袋裏並沒有太多什麼"裝修"或"設計"的概念，簡單實用就行了，水泥地面、粉刷白牆，再找木匠師傅打幾件家具，這裝修就算做完工了。雖然簡單，但是木匠師傅手工打造的家具卻也耐用、細緻，梁阿姨家的木製家具也是如此。與現代普遍的工業品家具不同，自製家具留下的是歲月的厚重感和家庭特有的印記。很多人對過去家的記憶，必有那麼幾樣極富時代感的裝修和家具，如父親的灶台，奶奶留下來的裝衣服的木箱子，媽媽用縫紉機做的碎花布窗簾，被弟弟"騎馬"磕破角的板凳……讓人印象深刻的是，壁紙、牆紙的匱乏讓報紙、畫報成為那個時代裝飾房間的特色"背景牆"。沒有條件做到更好更多，倒也摒棄了繁瑣複雜，簡單和溫馨讓"家"變得簡潔實用、溫暖寧靜。

到了 90 年代，隨著住房和裝修市場的繁榮，裝修開始煥發出活力，進入尋常百姓家。那種膠合板配上貓眼燈的吊頂棚流行起來，取代報紙、畫報貼牆的壁紙、壁布的應用也越來越廣泛。錢包漸鼓的人們恨不得把室內每個角落都佈置得像模像樣。所以，亮閃閃的金色腳線，華麗的膠合板，各種各樣的地板磚、地板，以及各種各樣的吊燈、射燈、貓眼燈、燈帶出現在人們的居室中。視覺感受成為當時裝修的一大追求。物質的逐漸富足也讓各種眼花繚亂的家具、電器進入人們的生活。翻看梁阿姨裝修自己房子的小票，沙發、餐桌、抽油煙機、熱水器、冰箱、洗衣機、空調等各種 "裝備" 佔了不少支出。家具電器的升級換代體現了中國經濟的發展和居民生活質量的提高，毛坯房被精裝修替換，老式陳舊的家具被時尚新潮的家俬所取代，家裏的東西越來越多，越來越現代化。

隨著人們對於個性化居家的追求，以及消費理念的不斷升級，21 世紀的裝修風格走向多元化：歐式風格別具異國情調，裝飾花紋精細似雕塑，風格沉穩厚重、典雅精緻；美式鄉村風格看起來灑脫隨意，讓人倍感輕鬆；日韓式的榻榻米，別具一格；宜家（IKEA）的北歐鄉村風格也受到年輕人的喜愛，中式極簡裝修是很多中年人的選擇……選擇的多元化，個性的解放，裝修已經不再是簡單的住宅佈置，而是成了一種生活態度的外在表現。對像賬本故事裏梁阿姨女兒這樣的當代年輕人來説，全屋定製成為新潮流，具有個性化強、裝修效率高、空間利用度大的特點，其所倡導的 "一家搞定、拎包入住" 的便捷裝修理念，更是讓不少忙於工作的年輕人省心省力。現在人們裝修所挑選的家具、電器越來越注重品質，從實用性轉向功能性、智能化，科技的力量讓家電成為你的專屬管家，除了給家增添溫暖和舒適，更是把人從繁瑣、枯燥的家務中解放出來，去做自己想做的事情。條件改善、經濟發展、社會進步，終極目標還是落在人身上——生活更美好，以及更自由而全面的發展。

## ◎ 裝修中的經濟學

"裝修"這簡單的兩個字，卻耗盡了多少家庭的無數心血和精力。從裝修賬本支出上，我們可以感受到，生活中處處有經濟學，處處需要經濟學。裝修勞心勞力，本質上是因為各種"糾結"和"計算"。這其中最讓人頭疼的問題是，如何權衡裝修支出和裝修質量，權衡取捨的問題。權衡英文叫 trade off，就是講投入和產出——如何利用最低的投入獲取最大的產出，這也是經濟學中最核心的命題。

過去的家用電器很少，誰家有部黑白小電視，都會吸引不少鄰居的孩子去看

簡單實用的家具，報紙
和畫報貼在牆上，就是
很多人對曾經 "裝修"
的記憶

寬敞明亮的房間，人性
化的設計，提升了居住
體驗

上述賬本故事裏，對梁阿姨她們來說，怎麼讓錢花得更有價值，說起來容易，做起來其實非常困難。買一件家具，東奔西跑，貨比三家，猶豫不決，其實歸根結底是信息不對稱的問題。商業上有句話：你的消費就是別人的存款。當我們大把花錢的時候，就是商家大把賺錢的時候，裝修的業主只有了解更多的信息，才能做出更優的選擇，但獲取更多信息，成本是非常高昂的。與以前信息閉塞不同的是，現在互聯網讓商家和消費者之間信息不對稱的鴻溝在不斷縮小，這為現在的裝修提供了極大的便利，在網站、APP 和公眾號上，各式各樣的裝修材料、報價、質量等信息一目了然。由通信技術升級帶來的新業態、新產業、新模式，正在改變甚至顛覆著傳統的裝修行業，以及我們的生活。

翻看梁阿姨家的裝修賬本，從第一套福利分房到給父母買電梯房再到自己家買電梯房，可以很直觀地感受到，家電類的工業製成品價格變化不大，有些種類甚至還降價了（如電視機、空調、洗衣機等等，價格降低了，功能卻更多了），而人工費卻不斷攀升。隨著中國工業化進程的深化和技術的升級換代，與新中國成立初期物資匱乏、生產力低下相比，工業製成品的生產效率大幅度提升，成本不斷降低，功能卻持續升級。隨著人們生活質量的改善，需求不斷擴大，市場供給不僅規模在擴大，產品質量也不斷提升，價格因為規模經濟和生產流程改進卻自然回落。而且由於市場競爭激烈，不少商家為了搶佔市場份額，利用打折、對消費者分類實行價格優惠等手段降低產品價格，並且提升自身產品功能、質量來吸引顧客，市場的繁榮最終讓商家獲利，使消費者受益。

與工業品的相對降價相比，附加了人工成本的服務價格卻不斷上漲，裝修人工費用的快速上升就是中國勞動力成本不斷提高的直觀體現。價格低廉而數量巨大的勞動力是過去幾十年中國經濟快速發展的重要原因，這又被稱之為"人口紅利"或"勞動紅利"。但隨著中國人口結構的變化（如勞動年齡人口減少）和產業結構的轉換（如第二產業就業減少，第三產業就業增加），勞動力的相對稀缺、生活成本的提高都使得勞動力成本越來越高。因此，一些工業化程度低或技術替代性差的服務業（如裝修、餐飲、家政），其人工費就以更快的速度上漲。從經濟發展的規律來看，這個過程和變化是必然的，也是正常的。又比如，居住服務需求的升級也讓物業管理服務進入普通大眾的視線，物業管理中的人工投入是大頭，長期算下來，物業管理費對住戶來說也是一筆不小的支出，但這也是省不掉的，因為這是優質居住環境的保障。

## ◎ 有人，有愛，才有家

房子是家的物理載體，代表著是安全感、歸屬感。但即使是房子裝修好了，什麼都齊全了，拎包即可入住了，如果沒有人住進來，依然不能被稱之為真正的"家"。冰冷的房子，是因為住進了人，有了歡聲笑語，才使它變得溫暖起來，才讓它有了生命的活力。對中國人而言，房子承載了無數人的愛與情感，有愛情、親情、友情，有酸甜苦辣，也有百味人生。一個房子，住著幾個人，承載著一個家，寄託著你我的歸宿。回家，是這個世界上最簡短卻又最溫暖的一句話。在這個"家"中，每天上演著億萬人的生活百態連續劇。

無數像當年梁阿姨一樣的年輕人，因為愛情，和另一個人走到了一起，兩個人，組成了一個家，這期間，買婚房、裝修新房是必不可少的。或許兩個人因為觀念不同時有爭吵，或許兩個人一拍即合，迅速達成共識，裝修房子，裝飾新家，這些磕磕絆絆對新婚夫妻來說，是一種感情之外的生活磨合和考驗，也是增進感情、促進理解的一種方式。親手裝扮好愛的小屋，在自己的一方天地繼續經營自己的愛情，房子就像一個不會言語的錄影機，陪伴著兩個人在歲月長河中前進，見證新生命的誕生，記錄撫養孩子時的雞飛狗跳，以及數不清的煩惱時刻和動人瞬間。愛，就像是酒麴，在它的催化下，總有一天，歲月會把愛情釀成更加濃厚、更加香醇的親情，而房子就是盛放美酒的老罈子。

　　小的時候父母操心孩子，總想給孩子創造更好的生活和學習環境，房子如何更好玩，如何更安靜以便於做作業，是裝修這個家的首要導向；而等父母老了以後，就變成另一種“孩子”，同樣讓人去牽掛、惦念，需要更多的陪伴。對老人來說，體力下降，腿腳不方便是普遍問題，老式的樓房不再適合他們居住，每天上下樓梯成為一件大難事，甚至稍有不慎就發生摔倒、骨折等突發事件，讓人膽戰心驚。梁阿姨正是考慮到這一點，和丈夫商議後咬咬牙為父母買了第一套電梯房，給父母買安心、買舒適。有了電梯以後，老人不用費勁爬樓梯，出行也方便，更重要的是，這份濃濃的孝心，是多少錢都買不來的。房子成了一家人共享天倫之樂的場所，陪伴、親情與愛，充盈在這裏。有人，有愛，才有家。

　　說到房子和孩子，學區房恐怕是個繞不開的話題。在中國的絕大多數城市，學區房都是有孩子的家庭購房的一大熱門。真要追溯，學區房的淵源可追溯到孟母，三歲的小孩子都會背誦"昔孟母、擇鄰處"。孟母搬了三次家，愣是把自己家搬到了學區房駐地，這一點對於孟子的成長有著重要的意義。中國家長們望子成龍，盼女成鳳，都盼望著自己孩子早日成為讓眾人豔羨的"別人家的孩子"，對家長們來說，學區房儼然就是孩子們的起跑線。優質教育資源的緊缺，以及對名校的強烈期許，讓不少家庭不惜對較為破舊的學區房砸下重金。除了居住的本身屬性，學區房承載的是父母沉甸甸的愛以及對孩子未來滿滿的期待，盡自己最大的能力為孩子提供一切更好的條件，對孩子有利的事情，都會不遺餘力去做。父母和孩子，愛與奉獻，讓房子變成了承載寄託和希望的小船，在往後的歲月裏一同前進，一路同行。

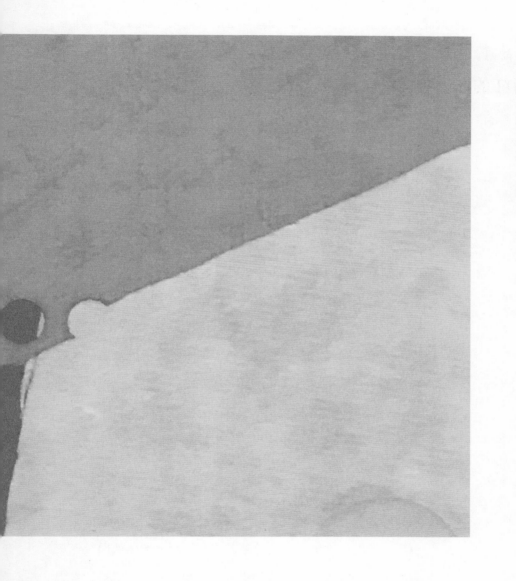

# 賬本裏的大學記憶

——馬衛紅的賬本故事

# 精打細算的大學生活
# 馬衛紅的賬本故事

本次賬本故事的主人公馬衛紅，是筆者在南京讀博時的同學，她當時已經是一名大學教師，在職讀博，年齡雖比我大些，但進校比我晚，所以平時我叫她馬姐，她叫我師兄。馬衛紅 1975 年出生於山西，90 年代初考上了河北省的一所大學，開啟了四年的大學校園生活。那時候大學還未進行大規模擴招，高校招生名額十分有限，能順利考上大學可以說是"千軍萬馬過獨木橋"。所以當時的大學生被人們稱為"天之驕子"，馬衛紅就是其中一個。

1994 年，馬衛紅懷揣著忐忑又期待的心情踏進了大學校園。那時候她和其他同學們一樣，學費雖然不多，但生活費十分有限，不能任性地想要買什麼就去買什麼。雖然偶爾做個家教能有點小收入，每年的獎學金有一兩百塊錢，但總的來說掙得也不算多，還無法獨自承擔大學生活的所有開銷，所以馬衛紅的生活費來源基本上還是依靠家裏。為了順利度過大學時光，必須有計劃地進行消費，於是馬衛紅買了一本小本子，一筆一筆地記錄下大學時期的生活開支，和宿舍的姐妹們一起過上了精打細算的校園生活。接下來，讓我們一起翻開其中一本本泛黃的賬本，走進這位 90 年代大學生當年的校園生活。

## ◎ 衣食住行不可少

9 月初的山西秋高氣爽，路邊的梧桐樹隨著微風拂過沙沙作響，身邊的人們紛紛穿上了薄外套。去河北唸大學是馬衛紅第一次自己出遠門，她拎著大包小包的行李坐上綠皮火車，下了火車才發現，這裏的人們都還穿著短袖呢！趕到學校的時候，已經汗流浹背，在師兄師姐的幫助下完成各項入學手續後，在學校門口的商店裏，花了九元買了一件簡單的 T 恤，迅速融入熱火朝天的夏日氛圍中，這成了馬衛紅賬本裏的第一筆生活支出。

到了大二，經歷一年的時光，同學們對學校周圍的環境漸漸熟悉起來，為了省錢，宿舍姐妹幾個相約著去當地批發市場購買換季穿的衣服，買了一件 30 元的襯衫和一件 16 元的短袖衣，都在賬本裏面記著，這兩件衣服馬衛紅連續穿了好幾年。

到了畢業的那年，馬衛紅不僅簽下了人生的第一份工作，大好年華裏那顆青春而躁動的心也悄悄地擁有了歸屬地。有一天傍晚兩人約會的時候，小青年（馬衛紅當時的男友）特地帶著馬衛紅去夜市買衣服，一件短袖衣服 30 元，一條裙子

30 元，一個小包 20 元，這一套衣服穿在身上特別好看。在同學們瘋狂合影留念的畢業季，"就靠那一身衣服到處照相了"，馬衛紅在回憶裏寫到。

最初開始記賬的時候，馬衛紅一個月的支出用一頁小小的 64 開紙就可以記下來。那時也不流行下館子，吃飯都是整個宿舍的同學一起在食堂解決，學校的伙食費從剛上學時的一天兩元到畢業時的一天五元左右，漲幅不大，但也算是四年間翻一番了。

翻看這些老賬本，在大學四年的時光裏，馬衛紅和同學們很少有娛樂休閒類的支出。由於資金和場地的限制，大學裏面集體活動的形式也比較單一，私下裏最常見的團體活動，就要數師兄師姐們組織的老鄉會了，同鄉的地緣關係、風土人情，通過聯誼的形式也有了更為親切和深入的表達。學期伊始，每當有新鮮血液加入進來的時候，各個省份的老鄉會紛紛

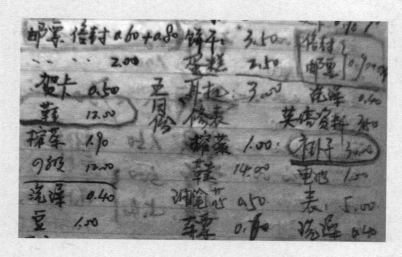

這是當時的日常支出，在下決心購買這些"耐用品"之前，是要經過一番深思熟慮

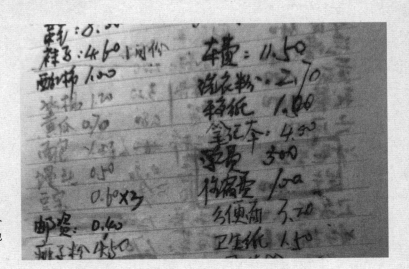

上大學的車費、學費、住宿費，雖然當時收入不高，但求學支出，也還能夠承受

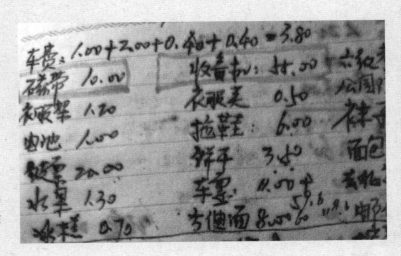

收音機、磁帶、英語六級考試，學了經濟學後，才明白這其實應該算是"固定資產投資"

積極地組織開展聚會活動。老鄉會活動實行 AA 制，馬衛紅清楚地記得，最開始的時候一次聚會的開銷平攤後，每個人只需要支付 10 至 15 元，但是到了臨近畢業時，參加一次老鄉會花費將近 40 元，這可真是一筆不少的開銷。

當時的物價總體上不高，馬衛紅的賬本上還清楚地寫著入學當年的 9 月份，給學校上交了學費 500 元、住宿費 100 元。從家鄉山西出發到河北坐的是石太線上的綠皮火車，單程車費只需要五元，後來畢業的時候漲到了十元，從火車站到學校的公交車單程只要四毛錢。平時大家就在學校方圓一公里地的區域內活動，很少去市裏，更別提今天的學生旅行了。只有在開學和放假的時候，要花錢購買家鄉和學校的往返車票，除此之外，馬衛紅在出行方面很少有支出。

## ◎ 學習開支是大頭

那時候大學生的日常生活很純粹，沒有網絡、手機、電視，娛樂活動也不像現在種類那麼豐富，學生們基本沒有娛樂消遣的時間，也很少有浮躁的念頭，偶爾參加一下集體的體育鍛煉或其他班級活動，就算是難得的休閒時光。也正是因為如此，同學們幾乎每天都可以有大量的時間沉浸在學習中。學校為了方便師生借閱圖書，象徵性地收取了一點借書費，並且制定了借閱規定，如果不超期的話，借閱一本書大概五分錢。

馬衛紅在回憶大學生活學習情況的時候感慨道，自己非常幸運地遇見了一群志同道合的同窗，四年來整個班級的學習氛圍一直非常好，大家都會努力提升自己，想學習更多的知識，並且相互督促。馬衛紅在入學的第一個學期就花了 35 元去培訓班學習電腦打字，要知道，那時候一名普通大學生每個月的生活費也只有 100 元左右，參加培訓班就意味著接下來必須省吃儉用好長一段時間。

學會了打字還不夠，她在大三的時候還斥 "巨資" 去參加校外的計算機培訓，學費 120 元，另外再加上三四十元的練習 "機時費"，這 150 元左右的巨額支出全部清楚地記錄在她的賬本上。好在後來順利考過了計算機二級，可是光考試的報名費就要 105 塊，雖然有點心疼自己那乾癟的錢包，但是當她雙手捧起證書的那一刻，頓時感到所有付出都是值得的。當時，學習計算機一度被視作一種潮流和必備的技能，也是一項典型的人力資本投資，普通學生是無法擁有一台自己的計算機的，因此除了上培訓班外，平時還需要借用計算機練習，需要支付一定的 "機時費"。馬衛紅提到，不光是自己在拚命學習計算機，周圍的很多同學都是這樣做，還有同學付出了更大的努力和更多的費用。那時候的大學生對新事物、新知識的求知慾之強可見一斑。

當時在課餘時間大家也喜歡看雜誌，當年最流行的幾本書是《女友》、《讀者》、《演講與口才》等，同學們各自買一本，互相借著看，並打趣說是為了 "實現雜誌資源的重複利用"。有些同學捨不得買書，就會到學校門口的書店去租書看，這樣每次都可以節約幾塊錢。在大學期間，馬衛紅非常注重英語水平的提高，經常買《21 世紀報》、《大學英語》這一類的英語雜誌，回到宿舍認真學習。報紙和雜誌的每一頁都認真看過，並做下學習標記，哪怕是廣告頁都不放過。

　　為了學好英語，聽說讀寫四個方面哪個都不能少，在提高英語閱讀水平的同時，馬衛紅還先後用過三個收音機來訓練聽力和口語。剛入學的時候，姐夫送給馬衛紅一個雙卡的收音機，150 元，價格十分昂貴，但是不能插耳機。為了不影響其他同學學習，馬衛紅只好在每天中午吃完飯，找一個沒人的教室把收音機插上電，用外放來聽磁帶。那時候同學們用的英語磁帶很少是原裝的，都是找學校電教中心錄的，五毛錢就可以錄一盤。

　　後來馬衛紅自己也買過兩個多波段的收音機，一個要 55元，價格便宜了許多，可是質量也沒有那麼好，沒用幾年就罷工了。早上跑步的時候，校園裏處處都是舉著收音機邊跑邊聽英語的同學和老師。那種收音機可以調頻，大概有九個波段，每天早上鍛煉的時候，大家都會選擇收聽 BBC 一類的英文節目，覺得既洋氣又實用。在這種濃厚的英語學習氛圍裏，馬衛紅和她的同學們早早就通過了大學英語四六級考試。


## ◎ 勤儉節約靠團購

　　因為伙食全部在食堂解決，賬本裏記錄的支出主要是水果、零食、洗漱用品、衛生用品、書籍等。仔細觀察可以發現，在賬本裏還記了一類重要支出：信封、郵票、稿紙。那時候還沒有手機、電腦這些方便快捷的即時通訊工具，跟家裏父母、親朋好友之間的通訊交流主要靠書信。一筆一畫、一字一句地寫下對親人的思念，郵寄、等待、回信，是那個年代人們獨特的記憶。所以在剛開學的時候，信封和郵票成了最常買的物件，每個星期都要去小賣部買信封、郵票和信紙，每次花一兩元，一個多月下來也用了十多元。

後來大家發現，買得多會更便宜。因此，為了省錢購買生活用品，宿舍姐妹們的團購意識越來越強。幾個女孩會相互約著一起去學校附近的批發市場批發信封，也常常去食品街批發方便麵，還會在學校門口的夜市一次性買一大箱衛生紙，大家回去一起分著用，有時候嘴饞了，就會拿個罐頭瓶子去學校門口的小商店買十塊豆腐乳和舍友們分著吃。

每回出門大家都是滿載而歸，一次購物可以供宿舍姐妹們使用很久。按照批發的價格來算，平均下來一個批發的信封可能比零售的信封便宜一分錢，一包方便麵和一捲衛生紙大約能便宜一毛錢，校門口的一塊豆腐乳比食堂的便宜兩分錢。還記得宿舍裏有個姐妹的口頭禪就是：「能省一毛是一毛！」大家對這句口號都表示無比贊同。

那時候人們花錢都是以毛為單位來計量的。保定有名的紅豆冰棍一根需要三毛錢，馬衛紅一週會允許自己吃一根，所以夏天一個月的冷飲費是 1.2 元。學校門口的水果都很便宜，一次都會買一兩元的。冬天的時候，花三毛錢就能吃上一根當地非常有名的冰糖葫蘆，比現在學校門口五元一根的要好吃很多。這些對當時的學生來說，已經是很大的幸福了。

如今，當馬衛紅翻看過往的賬本時，不禁感慨，原來當年的自己這麼窮啊！怎麼連一根冰棍的錢都捨不得花呢！想起這些，馬衛紅不禁笑了笑，感覺有些不好意思。是啊，當年的物質生活或許遠遠不及今天的富裕，然而當年的這些大學生們，卻是那個年代"最幸運的寵兒"，有同齡好友相伴一起寒窗苦讀，有閨蜜、兄弟共同傾訴心聲，更有關乎未來的無限機遇與潛能。這些，恐怕才是大學生活的真諦。

從衣食住行的必需開銷到提升自我的學習支出，馬衛紅的賬本故事，也是千千萬萬20世紀90年代的大學生們的青春記憶。讀書、高考、上大學，成為許多人遠離故土、追尋夢想的唯一出路，成為一名大學生更是全家人的驕傲。那時人們的生活水平確實不高，這些大學生們不想因求學而增添家中的負擔，一方面，他們省吃儉用、打工幫補，傳承了父輩勤儉節約的美德，秉持著"能省一點是一點"的理念；另一方面，他們又渴望學習新知識、嘗試新事物，學習計算機、英語等的投入可謂是"一擲千金"。這不再是老一輩人認為的"能不花錢就不花錢"，而是"要把錢都花在刀刃上"，或許，這就是那一代大學生們真正意義上的"精打細算"。

# 大學生消費：從 70 後到 00 後

馬衛紅的大學賬本，可謂是 70 後大學生的"回憶殺"，一頁頁消費記錄，精確地刻畫出了 90 年代的大學生活。恢復高考以來，70 後大學生、80 後大學生、90 後大學生、00 後大學生，40 年，四個時代，過著四種不一樣的大學生活。賬本記錄消費，消費代表生活，接下來我們從賬本記錄的消費出發，走進往昔的大學生活。

## ◎ 收音機、隨身聽、電腦、手機

　　1977 年恢復高考以來，大學，作為一個教育機構，也是人生 "加油站" 和 "塑形器"，承載了無數人的青蔥歲月和美好回憶。

　　對於考上大學的 70 後來說，那時的大學真的是 "象牙塔"，強烈的求知慾望、骨子裏的理想主義、簡單平靜的生活，是那個時代與那群年輕人的標誌。20 世紀八九十年代，中國經濟發展還比較落後，物資依然相對匱乏，生活條件較差的大學生比比皆是。大學生的入學裝備大多為實用型的物品，的確良白襯衫、手織的毛衣、暖水壺、手錶、鋼筆、結實的背包是他們的標配。聽歌都是用磁帶和收音機，音響是 "時髦" 和 "奢侈" 的代名詞。生活費每月就幾十元，大多用來在食堂吃飯，衣服雖說是能穿就行，改裝成港台時裝潮流才是第一追求，飯

70 後的大學生活：
簡單的彩紙、彩燈裝飾後，操場、禮堂就成為吸引學生們重要的活動空間

80 後的大學生活：

隨身聽不離手，聽英語
聽音樂聽流行歌

90 後的大學生活：

共享單車成為大學校園
便捷的出行方式

吃得飽就好，偶爾買個水果、零食，都是小小的享受。看小說，可是重要的休閒娛樂，沒有電腦、手機，集體娛樂很重要，一堆人湊在一塊兒"窮開心"也是美好的回憶。

到了 80 後大學生，受到高校擴招政策的影響，大學生不再是那麼稀缺，大學生活也隨著物質的逐漸富足而慢慢豐富起來。大學生入學的"裝備"提升到了前所未有的水平，CD 機、隨身聽、BP 機都慢慢在大學校園普及，後來，手機和個人電腦的身影也開始在大學校園出現。飯堂吃飯，一頓兩元左右，出去下館子，還是比較奢侈的。但是與以前相比，課外生活可是豐富了不少。對追求美麗的女生來說，不多的生活費中還得省出一筆錢來買護膚品、買衣服，韓流的興起也讓酷帥的男星海報入駐宿舍。而對於男生來說，"金庸熱"讓不少人對刀光劍影的武俠生活嚮往不已，不過不再僅限於小說，網吧成為追捧的場所；當然，在網吧除了看電視劇和電影，相當多的人是為了打幾盤 CS（反恐精英）過過癮，電腦網絡遊戲已經滲入到大學生的生活，因為打遊戲而"掛科"的同學，那可不是小數目啊。

90 後大學生，標籤變為"高消費"、"愛旅行"和"網絡生活"。到了這一代，物質生活大為改觀。中國有句老話叫"再窮不能窮孩子"，孩子考上大學了，要錢給錢，要物給物。生活費從幾十元漲為上千元，新生入學帶的行李箱，高品質物件取代了實用型物品，帶著 MP3 播放器、手機、電腦等"裝備"入學已經不足為奇。吃飯不再是吃得飽，要吃得好、吃得健康、吃得舒適。週末約上三兩好友，逛商場、看電影，吃喝玩樂，青春洋溢的身影在大學周邊的購物商城裏、在繁華的街道上隨處可見。穿衣服變得更加講究起來，大學校園隨處可見打扮時尚的學生，其中不乏各種名牌的 LOGO 引人矚目。90 後大學生的生活可不止於校園，更渴望詩與遠方。他們喜歡出門"窮遊"，旅遊可以增長很多見識，養成獨立的品性，感觸到書本上看不到的東西。互聯網的快速發展顛覆了大學生的休閒娛樂生活，寬帶費、流量費成為每個月的固定支出，網絡購物替代了商場購物，校門口、宿舍樓下的快遞永遠是堆積如山，QQ、微博、微信等網絡社交是他們最喜歡的溝通方式。

出生在千禧年以後的 00 後，現在也正逐漸邁入大學的校門，而不少 70 後已經成為他們的爸爸媽媽。毫無疑問，00 後大學生的生活狀態和消費觀已經又不同於 90 後，個性與時尚成為他們的標籤，消費減少了盲從性，更傾向自由自在的生活。對於 00 後一些大學男生來說，飯可以少吃，新衣服可以不買，但電子產品一定要最高端的配置；而對於女生來說，這個選項可能要換成美妝護膚品。在生活費更為寬裕的條件下，他們更注重個人的生活品質。與此同時，更多的 00 後大學生也顯示出更強的自我獨立性，相比前輩，經濟獨立、選擇獨立在他們心中具有更重要的地位。理財觀念的變化更加明顯，"錢靠賺而不靠攢"成為普遍性共識，"用自己賺的錢買自己想要的東西，心裏不會有負擔，賺錢就是為了花錢，一想到這個，就完全閒不下來"。00 後更喜歡"做自己"，商品是一種彰顯自我的符號象徵，思想自由、消費自由在這一代人身上淋漓盡致地體現出來。

## ◎ 大學生消費的三個"轉變"

新中國成立 70 年來，隨著生活水平的不斷提高，大學生消費發生了巨大的變化，這種變化既是經濟發展的折射，也是洞察大學生生活變遷的"鏡子"。大學生作為社會的特殊消費人群，其消費能力、消費選擇的變化反映了中國社會生活變化的方方面面。從 70 後大學生到 00 後大學生，消費內容在不斷變化，生活方式在不斷變化。從消費結構來看，至少有以下三個變化特徵：

（1）從溫飽型消費向發展型消費轉變。70 後大學生消費支出中大部分主要用於衣、食及基本學習消費 —— 消費構成以生活支出和學習支出為主，滿足情感和歸屬需要的交往消費與滿足自我發展需要、表現自我價值的發展消費比重小。而這種趨勢隨著年代的更替逐漸呈現相反的變化，尤其是到了 90 後、00 後大學生，他們充分享受到改革開放以來經濟發展釋放的紅利，消費往往側重於人際交往和自我發展，正如當代大多數居民消費群體一樣，已經告別了溫飽型消費。面臨日益嚴峻的就業形勢，為加強自身競爭力，增加自身的人力資本投資，培訓支出和形象消費日漸增多。

（2）從單一化消費向多元化消費轉變。70 後大學生的消費支出相對於 90 後、00 後來說，消費的需求受制於購買力，消費的供給也有限，消費結構簡單、單一化，主要是圍繞生存需要的溫飽型消費。而到了 00 後這一代，由於物質條件充裕，消費品琳琅滿目，再加上崇尚個性張揚，消費向多元化方向發展。以前對於 70 後來說，曾經"奢侈"的大事，如寒暑假的出國遊、在讀期間購買汽車等大額消費，出現在了當今大學生的消費之中，呈現出消費社會化傾向。從消費方式上看，與以往實體店傳統消費手段相比，如今網絡消費日益成為大學生的流行消費方式。花唄、借唄等信用消費、超前消費，普遍被當代大學生所接受。消費市場的繁榮發展也容易帶來從眾、攀比風氣，花錢不僅僅是為了生存需要，"月光族"、"負翁族"屢見不鮮，這與消費目的的多樣化共同構成了消費結構的複雜化。

（3）從均質化消費向層次化消費轉變。大學生缺乏經濟來源，其消費差異反映的多是家庭經濟狀況的差異。70後大學生儘管存在家庭收入差距，但普遍不大，所以大學生的消費結構基本上是均質化的，差異不大。如參加計算機培訓這種人力資本消費，參加與否，跟大學生家庭經濟狀況關係不大。而到了00後大學生，由於地域差異、家庭差異，其消費行為上呈現出較大的差異性，出現了十分明顯的層次化特徵。旅遊消費、出國交流、人力資本消費等高層次消費，體現了大學生消費能力的分化。家庭條件好的大學生相比條件一般的學生而言，高價值商品消費多，旅遊次數多，出境旅遊多，對於提升自身競爭力的人力資本投資，如出國留學、讀研選擇，機會也可能更多。追求名牌商品的符號價值來表達自我與構建身份的趨勢也逐漸上升，這種差異化成為當代大學生消費的常態。

## ◎ 消費之變背後的影響因素

大學生消費的變化折射出中國經濟社會生活的變化，可以從經濟、制度、文化三個方面來分析影響他們消費變化的因素。

（1）經濟收入因素。社會居民收入普遍增長是大學生消費不斷多元化的根本原因。隨著經濟的發展，居民生活水平日益提高，生存消費的比重不斷降低，而享受消費和發展消費的比重日益提高，消費結構不斷優化升級。大學生消費主要依賴於家庭收入，居民收入的增長、恩格爾係數的不斷下降是促成大學生消費多元的重要動力。而收入差距的存在導致了大學生消費分層。社會收入結構層次化發展，必然導致消費結構的分層。

（2）制度政策因素。大學教育制度的改革對大學生消費主體產生了很大影響。1997年中國大學初步擴招，1999年大學開始大規模擴招，高等教育從精英化步入大眾化，大學生就業形勢發生了根本性的變化。70後大學生畢業後基本上是計劃分配工作，然而隨著高校擴招，大學生人數成倍增加，大學畢業生與用人單位的雙向選擇，局部領域和地區出現了供過於求或結構性錯配的局面。激烈的就業市場競爭，促進在校大學生不得不將更多的支出和精力用在各種能力培訓上。到了00後大學生，面對嚴峻的就業形勢，為了在就業市場中脫穎而出，在讀期間不斷加強人力資本投資，提升自己的專業技能和其他就業才能，但由於家庭經濟條件差異，這種支出呈現分化的特徵。

（3）文化觀念因素。消費觀念很大程度上決定了一個人的消費選擇和消費模式。當代大學生受到西方消費文化的熏陶，其消費選擇受到了很大的影響。消費主義首先是一種價值觀念和生活方式。消費慾望在刺激中被製造出來，這使得大學生中出現了"負債族"，超前消費、透支消費現象逐漸顯現。其次，商品的符號象徵意義使得當代大學生消費的目的主要不在於滿足實際的生存需要，而是表徵自我存在和進行身份構建。消費主義的盛行也帶來了無限的慾望需求，正因為這樣，在大學校園裏要倡導更加健康和可持續的消費觀。

從馬衛紅的賬本可以窺見大學生的消費，接下來，我們再從消費出發，梳理和探究生活、學習和青春。

# 大學消費中的生活、學習與青春

## ◎ 生活之變

　　自從中國 1977 年恢復高考以來，時間一晃已經過去四十多個年頭，對於現在的 00 後大學生而言，他們的老師和長輩也曾經度過為理想拚搏、為青春高歌的美好大學時光，而那些時光與現在的相比又是那麼的不一樣，歲月的積澱，折射時代的變遷。對 70 後大學生來說，那時的大學含金量很高，大家都滿懷著對未來的憧憬和無限希望踏進了這個社會眼中的 "象牙塔"。與現在相比，那個年代物質的相對匱乏並沒有減損大學生活一絲一毫的快樂。

　　逼仄的幾平方米小房間，擺放著幾個上下舖小鐵床，狹窄的床中間放著一張桌子，上面是用來學習的，桌子下還有抽屜供

70 後的大學宿舍：

拉上床圍子，就是一方
小天地

80 後的大學宿舍：

網遊是宿舍裏重要的娛樂活動

90 後的大學宿舍：

每天都有幫同學收快遞的任務

各自擺放物品，暖水壺、水盆之類緊緊挨著擺放在一起，這就是那個年代大學宿舍的真實寫照。小小的宿舍，似乎轉個身都能碰到，人與人之間的距離也被拉近，缺少娛樂設施的年代，專業學習更加認真，舍友間少了沉默、多了交流，其樂融融。

90後、00後大學生的宿舍寬敞明亮，上下舖的鐵床也大多換成了上床下桌的設計，有獨立的衣櫃、置物櫃甚至衛浴，暖水壺被飲水機取代，大多數宿舍還配備了洗衣機和空調，宿舍的面貌和70後大學生的相比煥然一新，舒適、方便成為當代大學宿舍的標籤。獨立、寬敞的空間也讓他們的個性得到施展，風格迴異的牆紙，各式各樣的"宿舍神器"，宿舍不僅僅是溫暖的港灣，更是表達自我的場所。

説了住，再來説説吃。吃得飽、吃得好、吃自己想吃的，是大學生重要的"民生"話題。20世紀80年代，物資還相對匱乏，居民生活條件普遍不高，大學生作為國家人才的後備軍，飲食方面有了基本保障，吃得已經相當不錯了。食堂能夠提供蔬菜、雞蛋和部分肉類，考慮到南北方飲食差異，米飯和麵食也都是有的。到了飯點，大家熙熙攘攘地帶上自己的餐具奔赴食堂排隊打飯，當時食堂普遍不提供餐盤，要麼自己準備，要麼入學時每人發了兩個搪瓷飯盆，上面印著紅色的"×××大學"，還有編號，以防拿錯。到重要節慶日，有心的食堂會組織會餐，就是免費餐，會餐也為不少寢室提供了聚餐交流的機會，大家一起把飯菜打回寢室，也是樂趣多多。

到了90年代，隨著生活水平的提高，大學食堂的花樣越來越多，除了按照食物種類分，還有提供不同的菜系，如川菜、粵菜、湘菜等，來自五湖四海的大學生也能吃到家鄉的味道。營養搭配、膳食均衡成了食堂餐飲設計的首要目標。

現在跟以前相比，到飯點學生也不用急匆匆趕赴食堂怕錯過吃飯時間，因為很多大學生食堂部分窗口全天候供應；外賣行業的興起，也讓大學生足不出戶，想吃什麼就點什麼 —— 當然了，外賣還是儘量少吃，畢竟外賣可以吃一輩子，而大學飯堂，你只能吃這四年。如果説 70 後大學生憂慮的是 "今天能吃什麼"，那麼 00 後們則愁的是 "今天想吃什麼"。

再説説行。從兩條腿到兩個輪子再到四個輪子，從自行車到汽車再到火車、地鐵、飛機，在過去的幾十年裏，中國人的出行方式發生了驚人的變化。大學生作為接受新事物的特殊群體，也身體力行地經歷著出行方式的變遷。"鳳凰牌" 自行車應該是 70 後大學生的美好回憶，那個時候汽車很少，公交車線路不夠多，如果要去個稍微遠的地方，光靠兩條腿是不夠的，自行車就成了最好的選擇。宿舍樓下停放著排列整齊、密密麻麻的自行車。後來，城市交通體系建設越來越完善，公交路線四通八達，不少城市都有地鐵，外出使用自行車的概率也下降了。如今，大學校園裏隨處可見停放的 "共享單車"、"共享助力車"，三三兩兩的大學生騎著自行車穿梭在校園，成為大學校園裏一道獨特的風景線。

◎ 學習之變

對 70 後大學生來説，受到國家包分配政策的影響，不存在那麼大的就業壓力，當然了，就業的可選擇面也窄。八九十年代的中國是一個知識急劇傳播、文化劇烈碰撞的時期，對於那個時代的年輕人來説，改變狹窄精神生活的渴望，要遠遠大於改變物質生活的衝動，珍惜學習機會，不虛度光陰，渴望多學知識、多長本領，成為 80、90 年代校園生活的主旋律。

圖書館和自習室的位置總是很緊張，大家一大早就去排隊，有限的教學資源使得走廊和樹林也成了緊俏的學習場所。每天晨曦剛露，校園裏到處都是同學們朗讀外語的身影。詩歌是他們傳達感情、表達自我的重要文化載體，舒婷、顧城等朦朧詩人的作品在校園非常受歡迎。學校成立了各種詩社，大家以詩會友。受到教學條件的限制，大學設置的課程與現在相比也少得多，他們對知識保持飢渴狀態，有著強烈的學習意識和動力，刻苦、努力搞好專業學習是一種常態。發售輔助資料時，大家都爭先恐後地一大早排隊購買。

時光匆匆，鐵打的營盤流水的兵，一屆一屆大學生畢業，從同一個大學校園，走向各領域的工作崗位，走向祖國的四面八方。

70 後的大學時光：
論文、複習都離不開圖
書館

80 後的大學時光：
食堂菜式豐富多樣

90 後的大學時光：
各類社團活動多姿多彩

改變的是生活學習的外部條件，不變的是年輕的人和求知的心。

　　2018 年，第一代 00 後進入大學學習。得益於互聯網技術的迅猛發展，他們從出生開始就被各種信息所圍繞，是典型的數字一代，網絡改變了他們的生活、娛樂和學習方式，電子產品的消費，成了幾乎所有大學生最大頭的支出。依託於網絡技術支持的學習形式越來越普遍，在線課程、項目式課程、社會化學習成為課堂學習之外的有益補充。他們能夠熟練使用伴隨他們成長的新一代媒體技術，更加適應智慧化的學習環境。學生可以利用平板電腦、手機等移動終端隨時隨地學習，學生的知識來源變得更加廣泛，但學習的內容和時間變得越來越碎片化。他們不僅可以從教師、教材中獲取知識，而且還可以從網絡、各種電子設備中獲取，當然，好的東西會被高效接受，不好的東西也會迅速傳播。

　　任何人都不能固化地以他所生活時代的標準，去衡量和評判其他時代的人或事。每一代大學生都有他們專屬的歲月印記，即那時的生活、學習和娛樂，那時的人、事和情。我們所要做的，是記錄那個時代，感受時空的脈搏，僅此而已。

### ◎ 光陰勿虛度，青春不辜負

　　大學校園裏總是充滿了回憶，在很多人的心目中，那時是最好的青春紀念。十七八歲是懵懂而又開始成熟的年紀，一群志同道合、來自五湖四海的人聚在一起，笑過、哭過、吵過、鬧過，一起努力、一起奮鬥、一起奔向迷茫又嚮往的明天，四年的大學青春歲月，彷彿一本寫滿酸酸甜甜的故事書，"我的大學"僅僅這四個字就能激起無限感慨。回過頭來看，相信大部分人共同的感受是 —— 再艱苦的大學生活，也是最美好的人生歲月。

談到 70 後大學生的青春回憶，不由得哼唱起那些耳熟能詳的民謠，《同桌的你》、《睡在我上舖的兄弟》等是 90 年代大學生的時代專屬歌，這些簡單質樸的歌詞，唱進了每個大學生的心裏，這些朗朗上口的曲調，勾起了很多人的回憶。帶著探究、打量的眼神下火車，在舉著牌子前來接待的學長、學姐的引領下，邁進了大學校園的大門。熱心腸的學長學姐，介紹著學校的各種設施，或許會告訴你一些校園的 "潛規則" 和院系的 "小竅門"，令你驚奇不已又暗暗咋舌。來往的校園人群，新生似乎一眼就能辨別出來，陌生又略帶青澀，嘰嘰喳喳又不時駐步觀望，滿眼寫著好奇與興奮。軍訓的日子或許是大學裏最單純的時光，沒有讓人頭疼的考試，什麼也不懂，什麼也不關心，大家穿著一樣的軍訓服，在烈日下揮汗如雨。軍訓快結束時跟教官拍的合照，很多人都認不出自己，因為統一的軍訓服，黝黑的面龐和一樣的姿勢，已分不清你我他。

相比現在各種各樣的護膚品，當時的女生切幾片黃瓜當面膜敷，已經感覺足夠良好；宿舍裏誰買了一件新衣服，一寢室的人都要輪流試穿，換穿衣服也很正常。在手機還是奢侈物品的年代，看小說、聽音樂成為最大的娛樂活動，鄧麗君、周慧敏、朱茵、梁詠琪是無數男生心中的女神，海報紛紛貼在床頭，裝扮著屬於自己的那份領地。

戀愛，給青春歲月帶來了無限甜蜜與酸楚。自習室、池塘邊、林蔭下，見證了無數人的初戀與失戀。簡單而純粹的時光裏，年輕又懵懂的年紀裏，兩情相悅，只與喜歡相關，與其他無關;它是含蓄而又熱烈的,它是矜持而又奔放的。或許當年的那個人未能與你相伴一生,但你們走過共同的青春歲月,在最美好的時間,最美好的年紀,最美好的地點,跟最美的你,在一起。友情,未必如愛情般濃烈,但更綿長,更悠遠;對很多人來說,大學的同窗,可能是一生最好的朋友。每當畢業季來臨的時候,不捨的青蔥歲月,離別的兄弟姐妹,讓無數人依依不捨,真摯的情感,讓人不禁灑下熱淚。當你踏上月台,未來或許充滿荊棘,也或許鋪滿鮮花,從此要一個人走,能做的只有送上深深的祝福。

轉眼間 00 後已經踏上了大學征程,物質的充裕、學習條件的改善,讓他們的大學青春歲月更千姿百態。自由、個性、潮流是他們的普遍標籤。新生入學,大家最感興趣的就是各式各樣的社團,如動漫社、攝影、環保、吉他社等五花八門的社團,無疑是他們綻放自我、釋放激情的平台,志同道合的小夥伴們聚在一起談天説地、參加活動。

社交,不再局限於面對面地交友,互聯網讓天南地北的人可以在網上相識,網絡也拉近了人與人、心與心的距離。奔放、自由的戀愛是 00 後大學生的普遍追求,絕大多數大學生都把“談一場不分手的戀愛”列為大學必做的事之一。不考慮物質,不再接受父母親人的安排,勇敢地追求自己的所愛,才不辜負他們的張揚青春。年年歲歲花相似,歲歲年年人不同,每當畢業季來臨,校園裏隨處可見拍畢業照的學生,穿著學士服、小禮服、西裝,以院系、班級、寢室為小組,一起留下五彩斑斕的校園回憶,為即將來臨的離別減少一絲傷感,也為馬上開啟的新的人生征程留下存照。

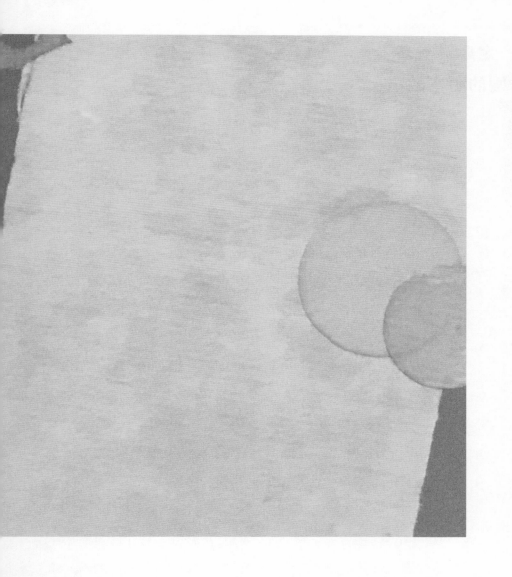

老賬本裏的進城記憶

——郭秀妮的賬本故事

# "我一定要留下來"
# 郭秀妮的賬本故事

◎ **爸爸衣服：15 元**

　　本部分賬本故事的主人公叫郭秀妮（四朵），1972 年生於山東一個普通的農村家庭，在家中五姐妹中排行第四。四朵告訴我們，在計劃經濟的年代，村裏家家戶戶都很窮困，買菜需要菜票，買肉需要肉票，扯布做衣裳還需要布票，哪怕再精打細算，也只能在溫飽線掙扎，今天豐富多彩的物質生活是當年的人們無法想像的。

　　打從四朵記事起，父母就有記賬的習慣。當年父親的工作雖是令人羨慕的"鐵飯碗"，掙工資吃國家糧，但是那個年代的工資實在太低，要贍養奶奶姥姥，保證家裏七口人的吃穿用，那些錢全是父親一分一毫省出來的，每月整個家庭除吃飯外的生活費僅僅十元左右。偌大的家庭一直是母親在打理，裏裏外外地忙活，要是遇上生病或其他什麼事，只能東借西湊，一個坎一個坎地邁過去。

當年農村裏的環境不太好，而農村人一直聽說城裏人生活燦爛多彩，農村的年輕人更是都有一個入城的夢，四朵也不例外。或許是出於對未來的美好嚮往，又或許是出於對父親嚴厲的不理解，不到 20 歲的四朵背起簡單的行囊，隻身一人來到威海——這座充滿青春與活力的城市。初入城市的四朵彷徨不安，與大多數慕名前來的奮鬥者一樣，她找了一份薪水低且艱苦的工作，生活過得步履蹣跚。由農村到城市獨自生活，衣食住行樣樣都需要花銷，四朵漸漸開始將每一筆收支都清晰地記錄下來。

　　最早記賬的時候是隨手記的，有的時候是本子，有的時候卻只是單頁紙，保存下來最早的是一本軟皮小褶子本，後來工作變動、數次搬家，很多紀錄現在已經很難找到了。泛黃的紙張記錄著四朵從農村到城裏生活的軌跡，最初書寫著的多是麵食、油鹽醬醋、蔬菜水果等生活必需品，隨著生活條件的改善，賬本內容也漸漸發生變化。這是四朵個人成長的青春記憶，更是時代變遷的獨特記錄。

　　翻開這一頁褶皺的紙張，上面清晰地記錄著“爸爸衣服 15 元”。四朵回憶道，後來工作逐漸穩定下來，也慢慢適應了城裏的生活，與此同時，母親卻擔心自己與家裏漸行漸遠，特別是與父親的關係越來越遠。在四朵的記憶中，父親是嚴厲的、偏心的，似乎從來沒有掏心掏肺地對她說過鼓勵肯定的話。年少的我們或許總是讀不懂父母的言行，看不見他們為了這個家打拚時的隱忍，不理解他們背後的辛酸。15 元，這是當時四朵餘下僅有的一些生活費，她特意為父親挑選了一件灰色帶條紋的 T 恤衫。四朵清晰地記得將這件禮物帶回家時，父親看似冷臉地說了一句“閒的，就知道亂花錢！買這些沒用的東西”，然而父親的嘴角卻抑制不住地微微上揚……後來，每當在城裏看到好看的衣裳物品，哪怕自己再省吃儉用，四朵都想為家裏的父母姐妹帶上一份。這或許也是許多在外打拼的年輕人最大的成就與快樂了。

20 世紀 90 年代，中國城鎮化的浪潮興起，在短短 20 多年間，中國城鎮化率從 1990 年時的 25.84% 提高到 2018 年年底時的 59.58%，而這種趨勢仍在繼續……在此期間，有無數人懷揣著夢想與願景，離開農村那個熟悉的家鄉，走向一座座陌生的城市。這些城市似乎都有著一種魔力，讓一代代的年輕人都為之嚮往，這些奮鬥者們的初衷或許很簡單，希望能在偌大的城市留下屬於自己的印記。“留下來”，成為許多人心目中華麗轉身的蛻變。

從農村到城市的背後，是不為人知的辛酸苦楚，抑或是不負韶華的柳暗花明。翻開眼前這一本本泛黃的老賬本，彷彿看到當年那位心懷夢想的少女，邁入城裏，尋覓幸福，在 21 世紀到來之際，一步步地走向成熟、奔向未來。入城那些年的賬本中，不僅有為柴米油鹽擔憂的苦悶生活，更多的還是自食其力、青春無悔的成長記憶，以及對親人家鄉的甜蜜牽掛。我們細細研讀這些彌足珍貴的記賬筆記，如同走進了一戶普通人家的世界，聆聽了她過往的那些事——從農村走進城裏，扎根城裏的獨家記憶。

## ◎ 婚事"大支出"

　　每一個遠離故土、入城打拚的年輕人，或許一開始都是在艱難摸索、孤獨前行，然而兩個孤獨的人相遇，往往能溫暖彼此，給予支撐對方前行的勇氣和信念。1996年，經媒人牽線，四朵與阿牛相遇相愛。翻開戀愛時寫下的賬目，四朵依然記憶猶新。她自己是一個大大咧咧的人，平時工作忙碌，吃飯就會隨意應付，甚至經常會空著肚子不吃飯，阿牛卻非拉著她去吃拉麵，哪怕加班再晚再累，也不能疏於照顧身體。禮尚往來，四朵也會邀請阿牛去吃飯，賬面上的生活費支出明顯比以前要多了。"阿牛找的媳婦太省錢了，幾碗拉麵就搞定了。"說起那些年與愛人的過往，四朵不禁笑了起來。

　　20世紀90年代，姑娘和小夥子們在二十四五歲就結婚，那些留在農村老家的同學朋友們還會早一些結婚，這個歲數有很多已經當爸爸媽媽了。一開始，四朵並不想那麼早結婚。然而，阿牛是家裏的長子，長輩們著急得很，得知兩人在一起一段時間後，便每隔幾天就到相距百里的四朵家商議婚事，希望"年前就把媳婦將到家"（當地方言，"將媳婦"即"娶媳婦"）。

　　在老家定婚期"送日子"的那天，公公提著聘禮來到四朵家中，裏面有麵、有油、有肉等，在四朵的賬本上還清晰地記著當年彩禮金2,800元，並注明"全交家裏"。同時，其中記錄著一筆筆不小的收支，收戒指錢1,500元、買手錶100元、給見面禮500元等。在當年每月372元的工資水平下，四朵回想到，雖然這些看似是大筆支出，但這種結婚開銷在當時不算高，與今天的天價彩禮更不可同日而語，翻開一筆筆婚期開銷

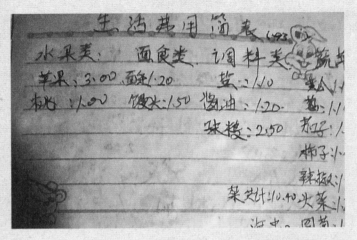

賬本裏的生活點滴，日子就這樣悄悄過去

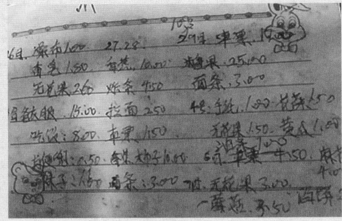

再看到賬本裏給家人的禮物，滿是溫情的回憶

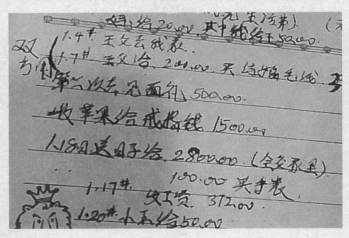

訂婚期"送日子"的收支明細，記錄著最初的幸福

日記，她不禁感歎自己"這麼便宜地嫁了"……

　　1997 年 1 月 25 日，香港回歸祖國的當年，四朵與阿牛在老家登記結婚。當時阿牛是城裏戶口的正式工，四朵仍是老家戶口的臨時工，因此只能回老家登記結婚。當年大家結婚都是為了一起"過日子"，再加上距離婚宴的日子沒剩幾天，兩人也沒有特意準備，只是採購了一些必備的新衣裳和結婚用品。從登記後幾天的賬本記錄可以看到，四朵和阿牛為自己置辦了當時最貴的服裝。兩人從西裝套裙、胸衣內褲到鞋子、領巾領帶等，裏裏外外一共花了 997 元。此外還買了鏡子、洗面慕斯等奢侈品。

　　當年的 2 月 4 日，是兩人大喜的日子。四朵和阿牛穿上準備好的婚服，在親朋好友的見證下，正式攜手走進婚姻的殿堂。在往後的日子裏，他們歷經風雨、相互扶持，一起在城市中打拚出屬於兩人的美好和幸福。

## ◎ 買保險，買安心

　　威海，是座不大不小的城市，但要在其中立足卻著實不易。四朵或許沒有多大的雄心壯志要闖出一番大天地，她想要的和許多人一樣，在這個城市有屬於自己的一個家，能過得自如舒適足矣。然而，生活不總是一帆風順的，在 1996 年前，四朵只是一個沒有城市戶口的外來務工人員，高強度的工作、極低的薪資、不確定的未來，任何一樣似乎都能磨滅她曾經的青春鬥志。所幸的是，在最迷茫窘迫的那一年，四朵遇見了阿牛，有了相互間的陪伴支持，生活中還能苦中作樂、惺惺相惜。後來，四朵的工作漸漸穩定下來，這一幹就是 15 年。

1997 年 12 月 26 日，四朵的賬本上出現了一筆特殊的支出——保險。20 世紀 90 年代，商業保險才剛剛興起，當年做保險的環境可比今天艱難得多，在只有兩三百元工資的年代，動輒幾十上百元的保費，人們除了捨不得，更多的是不願意，大多數人都是不理解和不認同的，認為保險都是騙人的把戲。

拿著手上第一份保險的收據，四朵若有所思地回想道，20 多年來經常有人會說她的意識太超前、太有遠見，竟提前買了這麼划算的保險，但很少有人會知道她當年背後為生活所迫的無奈。結婚後，有著“鐵飯碗”的丈夫阿牛，不僅收入高，以後退休後還有退休金，萬一生病住院了還有公費醫療。這讓四朵感到了莫名的壓力，作為臨時工，每月工資才 372 元，平時錢掙得少，退休後沒有保障，萬一不舒服生病了甚至會拖垮整個家庭。一想到這些，當年的四朵便終日惶惶不安，不敢休息也不敢生病，擔心被丈夫嫌棄、突然失業下崗，最終一無所有。

為了防患於未然，為了在生活的暴風雨來臨之時能維持起碼的生活和尊嚴，四朵不顧丈夫的反對，堅持用自己四分之一的工資購買了人生第一份商業保險，每月 53.74 元的保費，今天看可能覺得非常少，但這已經佔了他們家裏月收入的 8%。今天人們的保險觀念和意識已經比 20 多年前強多了，保險成為了許多家庭一筆固定而不少的支出，甚至還成為親友互贈禮品的一種選擇。年輕或許是最大的資本，當年很多身強力壯的青年人或許都會覺得退休、疾病離自己很遙遠，但四朵很早就意識到保障好自己的重要性，平時哪怕自己多節省一些，都要給自己和家人多一些安心和未來生活上的保障。

## ◎ 買房才算扎根

　　2010 年，因競爭激烈、身體健康等種種原因，四朵被迫進入失業大軍的隊伍。人生固然有得有失。當時正是家裏孩子成長的叛逆期，青春年少的中學生朝氣蓬勃卻又無畏無懼，做起了小吃生意的四朵，有了更多可供自由安排的時間，陪伴孩子一起走過了他的青蔥歲月、感受著他的苦惱煩悶。待孩子上大學後，機緣巧合下，四朵進入一家世界五百強企業做客服工作。由於起步晚、年齡大、不熟悉電腦操作，剛開始工作的四朵感到手忙腳亂。然而，憑藉著多年積累下來的經驗和閱歷，四朵起早貪黑地補習專業知識，學習工作所需的各類技能，最終很快便適應了這份工作，並取得了一些不錯的成績。

　　在城市扎根，為了安居樂業，買房子這件事就必須做。中國人對房子似乎都有著一種特殊的情結，擁有一套屬於自己的房子，更是無數從農村走向城市的奮鬥者們的目標。要想在這座城市扎根落腳，除了靠勤奮不懈，更要打破思維定勢、敢拚敢衝。20 世紀八九十年代，雙職工夫妻可以享受福利分房，當時四朵還是臨時工，是不符合分房政策的，更別提排不排得上號的問題。為此四朵只能加倍努力地工作，爭取早日轉正、分上房子。21 世紀初的房改，打破了許多等候福利分房的人們的美夢，隨後商業地產興起，越來越多人買房，房價也越來越高，"現在不買以後更買不起了"。

　　在採訪的時候，四朵拿出整齊的單據：稅收 18 元、保證

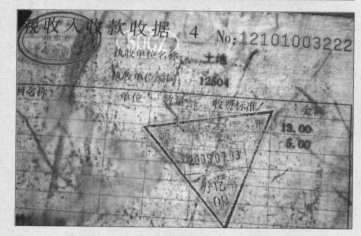

四朵人生的第一份保單

成了一個納稅人

終於在城裏扎下了根

金 1,500 元、每月還款 555.44 元，看著上面特殊的記事備注，她心中感慨萬千。買房家裏是幫不上忙的，只能全靠夫妻倆自己。當年丈夫阿牛還想等政策調整，盼望著曾經的福利分房，同時一點一滴地存錢，希望以後能買上一套小房子蝸居。但是，面對日益飛漲的房價和不變的工資，要買上房談何容易？當年還有一種辦法，就是貸款買房，這在外面的大城市已經逐漸流行起來，但無論在威海這座小城還是農村老家，都是要被人恥笑的。四朵深思熟慮、反覆權衡後，說服了丈夫阿牛，成為當時最早貸款買房的人。"要不是我的堅持，你還買不上自己的房子呢！"後來四朵還經常打趣地和阿牛說。

找擔保人、開證明、找機關單位蓋章、走審批流程……四朵夫妻倆前前後後跑了很多地方，辦了很多手續，終於順利申請了貸款，買下了一套 60 平方米的房子，成為了當時令人艷羨的房屋產權所有者。對四朵而言，婚後第五年擁有屬於夫妻倆的一個溫馨的家，這才是真真正正地在這座城市站穩腳跟了。

經濟飛速發展，社會日新月異，四朵的賬本上記錄的已不再滿滿的都是柴米油鹽，保險、房屋、電視機、電冰箱、洗衣機、空調、小汽車等各類新字眼映入眼簾。冷冰冰的數字的背後，是一個想在城裏扎根落腳的普通人的生活軌跡，更是那個年代記憶中的時代縮影。

從農村進入城市，是過去幾十年幾億中國人的共同記憶。城市化（更準確地說是城鎮化）是一個地區工業化進程的必然體現，說得更加通俗一點：工業化是人的工作從農業（如種地、放牧、養魚等）轉向非農行業（如製造業和服務業等），城市化是人的生活從農村居住形態和生活方式（例如獨門獨戶，村落散居，宗族集聚，日出而作，日落而息，自給自足率高）轉向城市居住形態和生活方式（樓宇集中居住，陌生人社會，朝九晚五的上班模式，社會高度分工）。40 多年來，中國的城市化改變了億萬人的命運，是世界城市發展史的鴻篇巨製。

　　本部分賬本故事的主人公四朵，就是中國城市化這個"歷史洪流"中的"一滴水"，洞察四朵進城賬本中的點滴故事，可以折射城市化背景下每個獨立奮鬥個體的生活變遷。四朵的賬本故事裏提到了給爸爸買衣服、結婚、買保險、買房這四件事，接下來我們從這四件事出發，講講在百姓生活中，孝敬長輩、婚禮和彩禮、買保險和按揭買房這些"大小事"。

20 世紀七八十年代，子女看望老人，送去米麵、蔬果等表達孝心

20 世紀 90 年代，隨著人們生活水平提高，給老人家送禮物也是精挑細選

現在，帶老人去旅行或者給老人家報旅行團外出旅遊，成為不少人表示孝心的方式

# 從"送什麼"到"陪你過"——長輩"禮物"的變遷史

### ◎ 送東西，有門道

賬本故事裏，四朵進城工作後，儘管當時對父親有些不滿，但還是利用節省的生活費，給父親買了一件 15 元的 T 恤衫。相信每一個讀者都有類似經歷：給長輩買東西表孝心。但買什麼送什麼，對即將回家的你來說，可不是小事，而新中國成立 70 年來給長輩送東西的過程，也大有"門道"。

中國是禮儀之邦，尊老敬賢是自古以來的傳統美德。孟子曰："養老尊賢，俊傑在位，則有慶"，自古至今孝敬長輩都是國人千年不變的美德。作為年輕的子女們，似乎光有孝心還不夠，世俗的標準還要求我們必須有孝行，於是送出一份滿載著祝福的禮物便成為孝行最好的代表。禮物不在於多寡、貴賤，而在於情。送禮，就是送情。一份小小的禮物，其背後蘊含的是子女晚輩濃濃的祝福，是不能長伴身旁的愧疚，禮物的變遷史也是家庭風風雨雨的變遷史，折射出新中國成立 70 年來經濟生活和心理訴求翻天覆地的大變化。

新中國成立初期，物質匱乏，吃飽穿暖也就成了那個時代人們最大的心願。節衣縮食、省吃儉用成為當時社會的普遍現象，尤其是過慣了苦日子的老人家，更是捨不得花錢。逢年過節走親戚，收到子女送來的一點白麵、幾呎布，都能撐起一整年，送禮送的是吃得飽一點、穿得暖一點。隨著改革開放後市場經濟的不斷繁榮發展，老百姓的日子逐漸好起來了，親朋好友間相互送禮不再那麼拘謹，糖果、飲料等休閒類食物多了起來，對於老人和長輩們來說，小心撕開大白兔奶糖的包裝紙，一整年都是甜滋滋的。

進入 21 世紀，人們愈發強調 "口福"、"享受生活"，送禮的選擇也是五花八門。這時候送東西開始講究，送的是品質。食物不再是解饞、管飽，而是健康、營養，衣服不再是蔽體穿暖，而是時尚好看。子女給老人脫下厚重的棉服換上輕便的羽絨服，日子過得有滋有味。緊接著，科技改善了人們的生活，各式各樣的家電成為送禮的時興物品，液晶電視、冰箱、空調等硬裝備讓老百姓的生活變得更快樂、更舒適、更便利。

對於老人來説，健康就是反饋給子女最好的禮物。市場上各式各樣的保健品競相登場，電視上各種廣告吸引著子女的孝心，"今年過節不收禮，收禮還收 ×××" 成為當時中國家喻戶曉的一句廣告語。家庭條件好的，子女還給老人報旅行團，給有點乏悶的晚年生活帶來更多樂趣，彌補年輕時沒時間、沒金錢出去走走看看，領略美好風光的遺憾。

## ◎ 陪伴，才是最好的禮物

現在的老人，很多並不缺物質層面的東西，而是缺精神層面的東西 —— 陪伴。陪他們説説話，聊聊天，在老家多住幾天，一起買個菜，散散步。中國有句古話叫 "百善孝為先"，這個 "孝" 到底是什麼？有人説他每個月都給父母幾千塊的生活費，他很孝順；也有人説他讓父母住上了豪宅，生活無憂，他盡孝了；還有人説他給父母最好的生活，出入都有保姆全程陪護。可父母真的需要這些嗎？有首老歌唱得好 "常回家看看，回家看看"，其實對父母來説，陪伴就是最好的禮物。辛苦忙碌了一輩子，生活條件好起來了，也不缺吃用，需求轉向精神層面，膝下承歡、合家團圓成為這個快節奏時代父母最大的期許。

每當回家看望的時候，都能看到父母那兩鬢的白髮又多了些，臉龐眼角的皺紋又悄悄地多了幾條，歲月是無情的，對老人來説，陪伴子女的日子便是與時間賽跑。可是，在外拚搏的年輕人要麼是沒時間，要麼就是覺得日子還長嫌棄父母嘮叨，容易造成 "子欲養而親不待" 的令人追悔的局面。央視（中國中央電視台，編者注）之前有則公益廣告引起了人們的熱議，一位老太太做了一大桌子的菜，滿心歡喜地等待子女回來吃團圓飯，結果子女一個個相繼打來電話，有説跟朋友吃飯的、在公司加班的、陪孩子看電影的，都説來不了了，隨著一個個電話的掛斷，老人臉上的神色愈發沉重，一個人孤零零地坐在沙發上，歎著氣落寞地説，"忙，都忙"。父母是體諒子女，不會無理取鬧，理解每個人的難處，可作為子女也應該明白，對父母最好的盡孝就是陪伴。送再昂貴的禮物，也比不上抽點時間陪陪父母，一句簡單的問候、一個溫暖的擁抱、一次充滿愛的回家團聚，哪怕只是簡單的吃飯都是父母心中所期盼的。

### ◎ 以己所表，送人所需

　　中國人講究孝心和孝行，給長輩送東西一直以來是最為直接和常用的方式，送出的禮物承載的是人與人之間美好的祝福。特別是每逢過年過節，禮物更是普遍存在，禮物的特殊地位使其帶上了時代的特徵和烙印。一代人有一代人的記憶，一代人也有一代人的時代特徵，而這種時代特徵從禮物中可以看出明顯區別。禮物變化的背後反映出的是不同的時代訴求，折射出的是中國人的生活變遷。改革開放前的送禮，以食物為主，因為當時生產力落後，物資匱乏，送禮送的是溫飽的祝願。而到改革開放以後，物質逐漸豐富，大家都能吃飽飯了，物質需求逐漸擴大，送禮一般選擇平時消費不起的物品。隨著老百姓生活水平的進一步提高，吃飽穿暖不再是人們的主要需求，而是轉變為對品質、時尚方面的追求，生活水平的快速提高帶來的是禮品價值的不斷提升。送禮從物質到品位，表現出的是中國人"從物質形態到意識形態"的轉變，經濟基礎決定上層建築，當生活富裕起來，人們的思想也開始轉變為追求

"時尚健康有品位"。各種定製類服務業的快速發展，也讓禮物滿足不同人群的個性需求，送禮真正實現以己所表，送人所需。

馬斯洛層次需求理論，講的是人們有了一定物質的基礎，才會去追求精神上的獨立，去追求很多在生理需求以外的需求。在需求金字塔底端是生理需求，指的是食物、水等身體方面的需求；向上一層是安全需求，指的是身體安全和經濟安全，避免身心傷害；再向上則是歸屬和愛的需求。從給老人送禮物再到給老人送陪伴，就是從物質需求到精神需求的層層遞進。一般來說，一個國家多數人的層次需求結構，是同這個國家的經濟發展水平、科技發展水平、文化和人民受教育的程度直接相關的。在發展中國家或地區，生理需求和安全需求佔主導的人數比例較大，而高級需求佔主導的人數比例較小。在發達國家或地區，則剛好相反。中國人對"送禮"需求的變化，正是映射出了中國經濟發展和百姓生活提升的變遷歷程。

## 彩禮和婚禮

人情往來是中國人的傳統，也是聯絡感情和維繫交往的重要方式。說到中國人的人情往來，結婚、生孩子、考上大學、過節過壽等各類好事喜事的紅包，就不可避免地被"接受"和"送出"，這些項目支出理所當然地被我們的賬本所記錄。在這其中，結婚應該算是影響力最大的喜事，與之相關的彩禮，既是個人話題，也是雙方家庭的問題，甚至是一個重要的社會議題。在四朵的賬本故事裏，2,800 元的彩禮金在當時也不算多，四朵為此開玩笑地感歎自己"這麼便宜地嫁了"。

接下來，我們就順著四朵的賬本故事，說說關於彩禮和婚禮的那些事兒。

傳統的中國人認為，男大當婚，女大當嫁。離開家鄉的年輕人在城裏打拚，相遇相愛，走進婚姻的殿堂，既是兩顆心在溫暖彼此，而組建家庭也增強了立足城市的能力和保障。在前文的賬本故事裏，四朵和阿牛結婚，關於婚禮和彩禮的記錄，很具體很樸實，打開了一扇了解中國式彩禮和婚禮的窗戶。

## ◎ 彩禮：從"三轉一響"到"有車有房"

"洞房花燭夜"被視為人生四大美事之一，中國人重視婚嫁的程度由此可見一斑。婚禮和彩禮作為婚姻操辦中的兩項重要習俗和內容，經過時代的變遷，見證了老百姓生活和思想觀念翻天覆地的變化。彩禮最早可以追溯到西周的六禮制度，在古代，彩禮是訂婚的禮儀，並且以政府認可婚姻事實（律法）的形式確定了它的地位，實現了禮法結合。近現代以來，彩禮和包辦婚姻一同被視為封建殘餘，從國家法律層面消失，但仍然以婚俗形式通行於民間，且各地區有著自己獨特的彩禮儀式和標準。

改革開放以前，社會物質普遍匱乏，也受到新社會新氣象的環境影響，男女婚姻一切從簡，幾件衣服、一塊手錶便是彩禮的高規格了，甚至很多地方和家庭不要彩禮。改革開放以後，隨著物質的極大豐富和人民生活水平的快速提高，無論是從名目內容還是數量金額來看，結婚的彩禮都發生了巨大的變化。20 世紀 70 年代到 80 年代初，彩禮一般是人們説的結婚

"四大件"，即"三轉一響"，指的是手錶、自行車、縫紉機和收音機，"三轉一響"成為當時城鎮家庭幸福的象徵，也是城鎮女性擇偶和婚配的標準。而到 80 年代中後期，電子時代的到來極大地豐富和改善了每個家庭的家居生活，老"四大件"再也無法滿足人們對美好生活的追求，取而代之的是新"四大件"：黑白電視機、電冰箱、洗衣機、錄音機。到 90 年代，彩色電視機、洗衣機、冰箱、空調以及各種各樣新生事物如家用電話、電腦、微波爐逐漸進入彩禮的清單，此外還會相應地加上一定數額的彩禮錢，一些富裕地區還興起了買房子、車子的風氣。而很多農村地區，也開始流行"三金"，即金項鏈、金耳環、金戒指。

進入 21 世紀之後，老百姓的物質生活繼續提高，同時對文化生活的需求也不斷增多，過往的"四大件"已經無法體現如今生活的豐富多彩。彩禮按照地區、家庭條件區分，已經沒有一個統一的標準。一些經濟富裕地區，彩禮名目越來越繁多，花樣迭出，諸如"三金一響"，即金鐲子、金戒指、金項鏈和小轎車；"三斤三兩"，即三斤三兩百元大鈔，約 13.6 萬元。在很多農村，"有車有房"已經是結婚的最低標準。令人感歎的是，不少地區頻繁出現的"天價彩禮"現象，攀比之風使得結婚成為不少人的負擔，也嚴重扭曲了正常的婚姻觀，甚至讓喜事變成了悲劇。當然，隨著觀念的轉變，有些地區也自發遏制高價彩禮，結婚結的是感情，組的是家庭，不是金錢和排場。

## ◎ 婚禮：從"一桌飯菜"到"一場婚宴"

婚禮作為人生最重要的日子之一，承載了一輩子最美好的

20 世紀六七十年代的
軍人結婚照，把毛主席
像章別在胸前，成為時
代印記

20 世紀 80 年代的結婚
照，人們衣著注意整潔
樸素簡單

20 世紀 90 年代以來，
西式婚紗攝影走入尋常
百姓家

記憶和親朋好友的祝願。在舊中國，父母包辦式婚姻扼殺了婦女的婚姻選擇權。新中國成立後，女性地位快速提升，毛澤東的"婦女能頂半邊天"這句話，既是對女性社會地位的肯定，更意味著婦女在婚配中的自主權。70 年來，中國的性別平等事業穩步發展，在這個主題下，中國人的婚禮也發生了巨大的變化。改革開放前，受物質和時代的制約，婚禮一切從簡，一本紅色的結婚證書、一張黑白的身穿軍裝的結婚照，簡單置辦一些生活必需品，親戚朋友吃個飯，就算是結婚了。婚禮過程雖然簡單，但樸實的祝福一樣讓人終生難忘。進入 20 世紀 80 年代，彩色攝影開始走進了人們的生活，給單調的結婚照添上一抹喜悅的顏色。婚禮也開始熱鬧起來，結婚禮金逐漸興起，婚禮的場面和儀式變得隆重，親朋好友通過參與婚禮共同分享新人喜結連理的幸福。到 90 年代，越來越多的年輕人開始接受西方的婚俗文化，選擇舉辦西式婚禮。精美的妝容、潔白的婚紗、帥氣的西裝，蛋糕、紅酒、巧克力糖果等新潮的食物，一起組成了婚禮靚麗的風景。參加婚禮的賓客，除了會送禮金，有的還會選擇送香水、化妝品等多種多樣的替代禮品。

　　進入 21 世紀，人們的觀念隨著生活水平的提高越來越前衛，婚禮不僅是一種儀式，而且是表達年輕人想法的承載體，婚禮的形式多種多樣、五花八門。西式婚禮成為當下婚俗的主流，但形式上，很多年輕人另闢蹊徑，如選擇舉辦海底婚禮，在美麗的大海見證下，兩人步入婚姻的殿堂。此外，具有復古氣息的"漢服婚禮"、"唐裝婚禮"也流行起來，還有如"周制婚禮"、"唐制婚禮"和"明制婚禮"。專注於婚慶的公司也應運而生。婚禮不一定非得要熱鬧喧囂，也可能是安靜莊重的，在親朋好友的見證下，完成典雅質樸的華夏婚禮，保留了中國傳統婚禮特色。除了婚禮的形式多種多樣，其內容也發生了很大的變化，婚宴上的菜餚琳琅滿目且很多採取自助形式，禮金從攀比越多越有面子轉變成零禮金。喜酒還是要喝的，但對新郎新娘的美好祝願才是"酒"的真諦，這樣的婚禮更加有儀式感、幸福感。

## ◎ 回歸祝福這個初心

縱觀 70 年來中國彩禮和婚禮的變遷史，不難發現，它經歷一個從簡到繁、再從繁到簡，從少到多、再從多到少的變化過程。貧困時期物質匱乏，決定了婚嫁一切從簡，畢竟，巧婦也難為無米之炊。隨著生活的改善，彩禮和婚禮有了物質條件，花費跟著水漲船高，但過高的花費很快成為一種經濟上的負擔，以至於有人戲稱"脫貧不易，小康更難；喜結良緣，毀於一旦"，"兒子娶媳婦，爹娘脫層皮"。彩禮和婚禮本身是一種傳統民俗，是雙方建立新家庭的見證，也是親朋好友團聚，一起送上美好祝福的場合。然而，盲目的攀比心理，使得很多人認為彩禮要得越多，給得越多，就證明女兒或兒子越金貴，也就越有面子。婚禮鋪張浪費的現象更是不勝枚舉。對賓客來說，從前收到結婚請帖樂呵呵，現在收到請帖，卻要為越來越高的份子錢發愁。彩禮和婚禮的初心是祝福，當一些所謂習俗和"風氣"脫離了這個初心，就要反思這樣的行為是否合理，就要反思要不要主動抵制這種不良風氣。

婚喜事，莫虛榮；高彩禮，傷感情。婚俗是民俗，更是一個社會價值觀的直接體現。要培育和弘揚社會主義核心價值觀，就要從輿論上和具體實踐上引導良好的社會風氣。習近平總書記在十八屆中央政治局第十三次集體學習時強調："一種價值觀要真正發揮作用，必須融入社會生活，讓人們在實踐中感知它、領悟它。要注意把我們所提倡的與人們日常生活緊密聯繫起來，在落細、落小、落實上下功夫。"盲目跟風、攀比心理、漫天加價彩禮、婚禮講排場、大搞鋪張浪費，甚至還有過度鬧新郎、鬧新娘的惡俗（部分惡俗涉嫌違法），都與婚嫁習俗本身的出發點——送上祝福的初心，背道而馳，這是非常沒必要和不應該的。婚禮和彩禮最終還是要回到祝福這個初心，只有不忘初心，方能得始終。隨著民眾心理的不斷矯正和日趨理性，不少地區採取零禮金、零彩禮的婚慶方式，淡化彩禮彰顯身份、利益交換的色彩，彩禮少了，婚禮簡單了，祝福卻越來越濃了。

## 買保險就是買保障

老百姓的賬本上，每月總有一些固定支出，除了一些實物支出外，保險就是一種常見的服務支出。賬本主人公四朵從 20 世紀 90 年代後期開始購買商業保險，一張張保費收據，是賬本主人對未來保障的期許，更是保險進入尋常百姓家的印記。

### ◎ 對保險的接觸、認知和接受

保險作為一種防範風險、提供保障的舶來品，被中國老百姓接觸、認知及接受，經歷了一個不算短暫的過程。最初，各類保險受老百姓的認可度不高，很多人存在許多誤區，提到人壽或健康保險，認為"我很健康，不需要買保險"。由於很多老百姓對自身風險認識不足，加上對部分商業保險營銷模式的不認可，往往認為買保險就是"浪費錢"，身體好沒必要，有財產在不需要。殊不知，生活中，風險無處不在；市場中，不確定性無處不在。在原有的國家和單位保障體系發生改變的條件下，不少人依然抱著僥倖心理，感覺意外發生輪不到自己，還不如拿買保險的錢做投資，可一旦災難來臨，卻又束手無策。每個人的保障都應該是立體式、多層次的，國家救助和兜底應該是最後一道防線，各種商業保險理應成為人們日常風險應對的重要方式。

保險支出應是賬本裏的"常客"，但目前中國的保險市場發展還相對滯後。從需求方看，影響中國老百姓保險意識的強弱及接受程度的因素主要有以下幾個：

（1）社會生產力水平的高低決定了保險意識的強弱。社會生產力的進步提高了人類的生活水平，也帶來許多新的風險。如醫療技術的進步，能治好複雜的疾病，也可能讓老百姓承受著負擔不起醫療費用的風險，若有醫療或健康類保險，則會大大緩解就醫壓力。社會生產力的發展可以激發人們的保險意識，因為發展可能帶來更大的不確定性，從而增大保險需求。新中國成立 70 年來，中國生產力水平得到了很大的提高，但與發達國家相比還是存在不少差距，對市場風險意識認知還不夠，而保險意識的形成是一個長期的過程。

（2）社會傳統文化對民眾風險和保障意識的影響。中國的傳統文化一直以儒家文化為主流，宗族意識和大家庭觀念較強，實際上宗族和家庭也一直是中國人抗風險的重要防線。在農村，這幾乎是唯一的抗風險屏障，有宗親這道防線在，市場化商業保險的地位自然會下降。儒家思想倡導的是忍讓、和諧、馴服、規範，在此影響下，人們傾向於循規蹈矩，對家的經濟依賴高於對市場機制的信任，從而弱化了風險觀念。

（3）經濟制度影響民眾對保險的看法。在計劃經濟體制下，國家對城鎮職工從頭到腳、從生到死承擔全部保障責任，儘管這種保障水平也不高，但職工沒有必要再花錢為自己購買保險。保險意識和保險行業是在市場經濟條件下誕生的，改革開放初期，國家推行有計劃的商品經濟，人們保險意識加強，卻找不到合適的保險市場和保險服務供給者。直到市場經濟體制逐步形成後，社會保障制度的改革以及保險市場的興起，才讓人們大大地提高了保險意識。

可以預計，隨著市場經濟和市場意識的不斷發育並成熟，原有的保障理念和模式分解和淡化，各類保險會越來越被老百姓接受並深入社會生活的方方面面，其風險保障和長期儲蓄的本質，使得它的經濟"減震器"、社會"穩定器"的作用不斷凸顯。

◎ **保險背後的經濟學和統計學**

購買保險本質上就是為了規避風險，因為我們的生活中充滿了不確定性，火災、洪災、地震、身體狀況、財產損失……而風險就是描述不確定性的一種科學概念，不知道出現什麼結果，但是每種結果都有一定的概率。人一般根據風險耐受程度分為三種：風險愛好者、風險中立者和風險規避者。而大部分人都是厭惡風險的，規避的主要辦法就是"購買保險"。

那麼，在什麼情況下，人會買保險，應該買多少呢？我們做個簡化的分析。

人擁有財產是為了獲得效用，財產的效用和商品效用一樣存在邊際效用遞減的規律，就是說，隨著財富（錢）越來越多，新增加一塊錢，對人們來說，效用就越小。這是個基本前提。

舉個例子，假設有個厭惡風險的運動員，他知道長期運動會損壞肌腱，受傷概率為 0.5，手術費用為 2 萬元，而他年收入為 5 萬元。對他來說，1 萬元的效用為 20，2 萬元的效用為 28，3 萬元的效用為 35，4 萬元的效用為 40，5 萬元的效用為 44。如果他不買保險，發生意外，年收入剩 3 萬元，不發生，是 5 萬元，每種概率 0.5，則他的預期收入為 4 萬元，若這 4 萬元能拿到手，則效用為 40。

問題在於，現實中有風險，4 萬元是理想平均水平，可能發生意外，就只有 3 萬元。不確定的 4 萬元效用為：$35 \times 0.5 + 44 \times 0.5 = 39.5$，若對應為收入是 3.7 萬元，這 0.3 萬元的差距就是不確定風險。若購買保險費用是 1 萬元，發生意外後獲賠 2 萬元，他的預期收入也是 4 萬元，但是這 4 萬元是確定收入，效用也確定為 40，大於不購買保險的效用。也就是說，當購買保險效用大於不購買時，買保險是一種理性的經濟人行為，而保險費用的臨界點則在於保險費用花費之後的效用與不買保險的效用相等，在這個例子中，39.5 效用的保險費對應為 1.3 萬元，若保險費用超出，則沒有必要購買。

這就是保險背後的經濟學道理。

## ◎ 保險，對個人和家庭的價值真不小

不論從個體角度還是從國家角度，保險的價值和作用都是巨大的。

從人一生可能遇到的風險和困難來看，主要有五個方面需要保險的保障（需要申明的是，本書並不是勸大家都去買保險，只是說明保險的保障作用，當前很多非消費型保險已經是一種投資產品，大家須根據自身需要去選購）：

（1）老有所養 —— 保險確保晚年人生安享無憂。從社會發展的維度看，養兒防老在傳統觀念變革、人口老齡化加劇、經濟形勢嚴峻的狀況下，顯然已經不再適用。

（2）病有所醫 —— 保險讓百姓生病看得起，生活不打折。有病不敢醫，或者一場重病拖垮一個家庭的情況在中國並不少見，購買保險能加強醫療保障的能力。

小時候住在低矮的瓦房裏，成為兒時深刻的印象

過去城裏人住的筒子
樓，常需要在過道裏
做飯

後來，住房條件雖然大
大改善，但是房價昂
貴，想讓一家老少住得
寬敞，還是一個家庭最
沉重的經濟負擔

（3）愛有所繼 —— 保險是讓親情、大愛得以延續的保證。地震等自然災害帶來的損失不可估量，一旦有人發生不測，保險能減少損失，讓生者得以從物質上取得保障，讓愛繼續傳遞下去。

（4）幼有所護 —— 保險可為孩子的教育規劃及成長保駕護航。教育是治國之本，養育好一個孩子花費不少，從小為孩子購買保險，也是為幼兒的成長、教育保駕護航。

（5）財有所護 —— 保險讓財產所有者在意外發生後能得到一定的事後救濟。保險人按保險合同的約定，對所承保的財產及其有關利益因自然災害或意外事故造成的損失，承擔賠償責任的保險，從而避免了人們因不確定性而“傾家蕩產”。

險種的多樣性，確保了老百姓面對不同風險，也都具有防禦力和抵抗力。當意外來臨，不會帶來太大的經濟壓力和生活負擔。適當設計保險規劃，是為自己未來事業發展的保駕護航，更是對家人的承諾和保障。保險是每個人和每個家庭的重要護身符之一，它帶給我們的可能不是“錦上添花”，而是“雪中送炭”。

# 買房！買房！買房！

自古以來，對絕大多數中國人而言，房產都是最重要的財產。房產，是附著在一定面積土地上的建築物，這個建築物及承載它的土地，是世界上最重要的不動產。它是人類文明的結晶和載體，人類在這裏生產、繁衍、發展，創造美好未來。

對生活在今天的多數人而言，平生最大的單筆開支應該就是購房支出了，此項支出是大多數家庭賬本裏最大的一筆開支。對賬本故事裏的四朵家而言，當然也不例外。雖然為了買房，傾盡了所有，但買到房子後，那種在城市扎根立足的感覺，那種所有付出都值得的欣慰感，又是無比的幸福和快樂。賬本故事裏的四朵體會到了，你可能也體會到了，或者未來再體會到。

## ◎ 從分房到買房 ── 20 世紀的記憶

"安居樂業" 自古以來便是中國人的美好嚮往，房子對老百姓來說不僅是遮風避雨，而且是歸屬感、安全感的重要來源。在農村，千百年來，都是在本村所在土地上自建房。從新中國成立初期到 20 世紀末，中國城鎮普遍實施 "統一管理，統一分配，以租養房" 的公有住房實物分配制度。城鎮居民住房由單位解決，當時的住房是一種福利，要麼是分配，要麼是低租金租房。這種制度在當時較低水平的消費層次上，較好地滿足了職工的基本住房需求。但是，由於住房供給不足，福利分房制度逐漸暴露出許多問題。1978 年中央提出了房改的問題，中國住房制度走上了改革發展之路。從 20 世紀 70 年代末開始，市場上提供的商品房在一些地區出現，但數量有限，並不是當時城鎮居民獲得住房的主要方式。

1992 年鄧小平南方談話提出要發展市場經濟，中共十四大正式提出建立社會主義市場經濟體制的目標。為了落實黨中央的精神，一系列經濟改革政策和措施開始部署並落實，住房的商品化改革被提上日程。1998 年 7 月，國務院發出《國務院

關於進一步深化城鎮住房制度改革加快住房建設的通知》，要求
1998 年下半年開始停止住房實物分配，逐步實行住房分配貨幣
化。對老百姓來説，一覺醒來，商品房便已呈燎原之勢。住房
單位不管了，得自己花錢買；錢不夠，銀行求著借款給你。許
多普通家庭，趕集似的奔赴於各路房展會，生怕錯過一條購房
信息。"買房了嗎？"成為人們交談時的熱絡話題。從分房到買
房，商品房市場的蓬勃發展使得無數人乘上了改革開放房改的
順風車，"安得廣廈千萬間"成為現實。

### ◎ 從借錢到貸款 ── 道理何在

進入 21 世紀後，中國長期渴望改善居住條件的意願被釋
放。商品房的出現，掀起了老百姓的買房熱潮，房子要用錢
買，條件越好的房子，價錢越貴，不少人砸鍋賣鐵甚至借錢也
要買屬於自己的"家"。然而，不是所有的人都有那麼多錢，
也不是所有的人都能借到錢。在巨量購房需求的刺激下，商
品房的價格不斷上漲。房價的居高不下，使得很多人"望房
興歎"。

沒有錢，跟親戚朋友也借不到錢，就真的買不了房了嗎？

當然不是！銀行貸款按揭政策的出現，提供了買房的另一
種途徑，由此開始，中國住房購買開始了從借錢買房到貸款購
房的轉變。但這個轉變過程並不是一蹴而就的，中國人長期受
到儒家文化的薰陶，認為借貸和收取利息是一種有悖綱常的行
為。傳統觀點認為，要靠自我儲蓄積攢，或靠血緣網絡內部來
互通有無，所以買房錢不夠，首先想到的是向親朋好友求助和
借錢。這貌似合情合理，但在市場經濟條件下，這其實並不是

最優選擇，更容易導致許多問題。

　　從操作層面來看，你借了親朋好友的錢，對方要回錢款具有不確定性，若對方急用錢而你又無法還錢時，不僅耽誤了對方的事情，親朋好友的感情維繫也將困難重重。而且，也正是因為這種不確定性，因為它與銀行借貸每月定時繳納貸款不同，當對方不急要時，反而培養出等待“免費午餐”、“搭便車”的風氣。現在大多數年輕人買房資金不夠，就掏空父母的積蓄，父母到退休時卻無法給他們提供更好的養老保障，若向銀行貸款，每月靠自己的勞動按揭還款，情況則會大大改善，這同時也逼著年輕人自食其力。

　　從經濟學的角度看，年輕人貸款買房的必然性更加明確和清晰。一般的收入和消費曲線顯示，越是年輕人越需要花錢，年齡大了以後越不需要花錢。兩條線放在一起我們會看到矛盾所在，年輕的時候最沒錢但是最需要花錢，例如剛參加工作，收入不高，但要結婚買房和生孩子；老了以後最有錢但是最不想花錢，這兩者帶來的矛盾是任何一個消費者、任何一個家庭普遍面臨的困局。這個困局如何解決？就是通過金融市場（如提供購房貸款），讓年輕人在最需要錢的時候，在收入最低的時候，能夠把未來高收入的一部分轉移到年輕的時候，從而使其在當下也可以消費（買到合適的住房）。

　　當然，有人會質疑，買房按揭貸款，給年輕人帶來了月供壓力。壓力是客觀存在的，這也能迫使年輕人努力工作。最重要的是，這也讓其父母（或其他親戚）留住了養老錢，年老後有自尊的財產基礎，可以理直氣壯，不需要看子女的臉面。年輕人也可以選擇自己喜歡的方式生活，不用非得受父母（或其

他親戚）對自己花錢的監管和約束。一句話：按揭貸款（一種
金融方式），給了雙方更大的自由度。

## ◎ 住房背後的制度之變

　　住房是人類最基本的需求之一，也是關係國計民生的重大
經濟問題和社會問題。為解決城鎮住房問題，中國結合時代要
求推行了諸多住房制度改革。在新中國成立之初，受計劃經濟
影響，實行公有住房分配制度。改革開放之後，開啟了住房制
度改革之路。從此之後按時間節點區分，中國住房體制改革可
劃分為四個階段：

　　（1）1978 至 1993 年：住房實物分配制度改革階段。由
於福利分房制度逐漸暴露出的問題以及住房供給不足矛盾的突
出，促使政府必須尋求解決途徑。1980 年 6 月，中共中央、國
務院在批轉《全國基本建設工作會議匯報提綱》中正式提出實
行住房商品化政策。國家規定，"准許私人建房、私人買房，
准許私人擁有自己的住宅"。1981 年，公房出售試點擴展到 23
個省、自治區的 60 多個城市和一部分縣鎮。1982 年，在總結
前兩年公房出售試點經驗的基礎上，實行了補貼售房。1993 年
又推出了"以出售公房為重點，售、租、建並舉"的新方案。

　　（2）1994 至 1998 年：住房實物分配向住房市場化改革
的過渡階段。1994 年 7 月國務院下發了《關於深化城鎮住房
制度改革的決定》，房改的基本內容可以概括為"三改四建"，
"改"即改變計劃經濟體制下的福利性的舊體制，"建"即建立
與社會主義市場經濟體制相適應的新的住房制度。1998 年 7 月
3 日發佈的《國務院關於進一步深化城鎮住房制度改革加快住

房建設的通知》，開始停止住房實物分配，逐步實行住房分配貨幣化。

（3）1999 至 2004 年：住房市場化全面推行階段。為進一步改善居民消費，拉動住房建設，2003 年國務院發佈《國務院關於進一步深化城鎮住房制度改革加快住房建設的通知》，提出要 "增加普通商品住房供應"，同時將經濟適用房的性質重新定位為 "是具有保障性質的政策性商品住房"。這一階段將大多數家庭的住房需求推向了市場，實現了中國住房市場化的根本轉變。由此開始，中國的房地產市場開始了新一輪迅猛發展，房地產業在國民經濟中的地位不斷提升。

（4）2005 年至今：房地產市場調控階段。房地產業的快速發展帶來了過高的房價，也引發了一系列社會問題，百姓買房貴、住房難問題越來越突出，政府開始加強宏觀調控。為了對房價上漲過快的問題加以全局性的調控，2005 年 3 月，國務院辦公廳發出《關於切實穩定住房價格的通知》，就穩定房價提出八條意見。隨後，中國不斷出台各種調控措施，進一步緊縮 "銀根"、"地根"，改進和規範經濟適用住房制度，逐步改善其他住房困難群體的居住條件，完善配套政策和工作機制。

2017 年黨的十九大報告進一步明確提出，堅持房子是用來住的、不是用來炒的定位，加快建立多主體供給、多渠道保障、租購並舉的住房制度，讓全體人民住有所居。此後通過多項政策和舉措，著力構建房地產市場健康發展的長效機制，因城施策、分類指導，夯實城市政府主體責任，完善住房市場體系和住房保障體系。

# 賬本中的生娃、養娃與教娃

曾雨寒的賬本故事

# 優生優育不簡單
# 曾老師的賬本故事

　　結婚後，生兒育女，養育他長大，送他上學上課外班，是大多數人都會經歷的過程。本部分賬本故事的主人公叫曾雨寒，她1985年生於湖南郴州的一個普通農民家庭，2008年大學畢業後來到廣州，一直從事出版行業，目前是一家老牌出版社的圖書編輯。在社裏，同事和作者一般稱呼她為“曾老師”。曾老師現在是兩個女寶寶的媽媽，大寶2019年剛滿七歲，下半年上小學二年級；二寶剛滿一歲不久。談起兩個可愛的女兒，說起養育孩子的那些事，為人父母者，似乎都有說不完的話，曾老師也一樣。

## ◎ 婚後速當媽，生養花費多

　　2011年秋，曾老師和與自己相戀一年多的男朋友登記結婚。當時丈夫剛剛博士畢業，進入一所學校就職不久，曾老師自己也沒多少積蓄，在很多人的眼中，他們相當於是裸婚，即一無所有就結婚。沒有婚紗照，沒有蜜月旅行，在老家簡單擺了喜酒，把丈夫單位的周轉房收拾下，就算是有"窩"了。"當時就是認準他了"，曾老師回想起來說，哪怕儀式再簡陋，在拿到"紅本本"的時候，兩人還是會感到緊張、興奮卻又無比幸福。

婚後不久，曾老師發現自己懷孕了。當她把這個好消息告訴自己的先生時，準爸爸的第一反應是驚訝，接著是驚喜，這個小天使來得太突然了！曾老師與丈夫原計劃是完成最基本的物質積累（有自己的房子）後再要孩子。突如其來的小生命，徹底打亂了這對年輕夫妻的所有計劃。"既來之，則安之"，萬事都有解決的辦法。冷靜下來之後，兩口子開始估算生產育兒的基本開銷，商量著接下來的幾個月，除了日常支出和產檢費用，其他地方都得縮減開支了。

開源節流才是硬道理。孕期的頭三個月，曾老師出現了先兆性流產的症狀，不得不在家休養，由母親和婆婆輪流照顧，而丈夫可以更安心、更賣力地去"賺奶粉錢"。2012 年 8 月，曾老師的大寶在廣州市海珠區婦幼保健院順利出生，重 3.1 千克，是一個健康可愛的女寶寶。因為曾老師是順產，住的是多人病房，所以生產費用相對便宜，加上打無痛分娩針和催產針的費用，總計花了 5,000 元。

曾老師就職的單位是國企，人力資源部那邊給曾老師買了生育保險，所以產檢、生產的費用部分可以報銷，給這對年輕夫妻減少了不少經濟上的壓力。孩子出生後，曾老師在家坐月子，全靠家裏老人家"輪番上陣"，自己也從剛開始的手忙腳亂，到後來的駕輕就熟。"能省一些是一些"，曾老師回想時說，當時根本沒想到要去月子中心，去的話價格也是非常高昂，還是捨不得。後來生二寶的時候家中經濟條件稍好一些，請上了一位月嫂，老人家也不必那麼操勞了，不過 40 天 16,600 元的月嫂開支，也不是一筆小數目。

養孩子是個體力活，更是個技術活。如何用有限的錢，給孩子更加優質的生活，曾老師也是絞盡腦汁。三歲之前，大女兒的著裝以網購舒服的棉質衣服為主，夏天的衣服比較便宜，趁大商場打折的時候，曾老師也會給女兒買幾件漂亮的公主裙。女兒現在還記得，自己三歲生日那天，媽媽帶她去商場買了一件愛莎公主的裙子，還配上了皇冠、項鏈和耳環（總計花費 898 元）。愛美是女孩子的天性，曾老師印象深刻，這條裙子，女兒很是愛惜，到重要的場合才捨得拿出來穿。後來長高了，實在穿不了，女兒還戀戀不捨地把裙子交給媽媽，說以後留給妹妹穿。曾老師粗略統計了一下女兒每年買衣服的開銷，春夏裝 1,500 元左右，秋冬的衣服貴點，至少需要 2,000 元。

玩具開銷這塊，曾老師也是以網購為主，多是買一些益智的玩具。幼兒小件玩具價格都很實惠，一般都不超過 100 元。稍微貴一點的就是給孩子購買的樂高玩具系列，一個普通的樂高"房子"或公主"睡房"就得 400 多元。不過這樣的玩具，比較實用，孩子和大人可以一起玩很久，也可以拓展孩子的創造能力和空間想像力。還有每月郵購的巧虎系列玩具，女兒也很喜歡，每年大概需要支出 2,500 元。當然，嬰兒手推車、會走後用的溜溜車、兒童自行車等耐用品，每件開銷也都

Nutrilon 诺优能 荷兰原装进口 幼儿配方奶...

数量: 1

¥800.00

申请售后　　加购物车

木玩世家 EB015 摇摇马 积木拼插健身玩具

数量: 1

¥199.00

奶粉和玩具是有了孩子後不可避免的開銷

【一票通玩 免打印 即订即用】香港海洋公园2大1小家庭套票　　　　¥745

2018-02-08 ~ 2018-02-28 内 可以使用

数量1

再来一单

🏨 酒店　　　　　　　　　　　已离店

香港龙堡国际酒店　　　　　¥2140.95

快樂的童年離不開遊玩，而景區一般都會有不菲的消費

14只老鼠系列（套装共6册·第1辑）

数量: 1 系列: 14只老鼠（第一辑）

¥66.20

申请售后　　加购物车

巴巴爸爸经典图画故事 诞生篇(套装全5册)

数量: 1 系列: 巴巴爸爸（1-5册 诞生篇）

¥48.00

孩子喜歡讀書，家長無條件支持

近千元。

　　最後是買奶粉，這是最重要的日常剛性支出。大女兒從四個月大的時候開始吃奶粉。為了給女兒找到合適的奶粉，曾老師購買了七八種奶粉的試用裝來試用。最終選中了荷蘭產的一種奶粉，價格大概 200 元一罐，為此，曾老師還特地找了熟人去荷蘭代購。後來得知大型電商平台上賣的奶粉也值得信賴，曾老師就毫不猶豫地選擇了網購。女兒三歲前一個月四罐奶粉，費用 800 元；三歲後，一個月兩罐，費用 400 元，一直喝到五歲。尿不濕也是與奶粉類似的日常消耗品，但用得不多，孩子一歲半後，尿不濕就基本沒有 “用武之地” 了。

　　僅不完全統計的以上三方面開支，每年大概需要兩萬元，對於剛參加工作的工薪一族而言，也是一筆不少的費用！


## ◎ 快樂童年要遊玩

　　除了吃喝穿用這些日常性開支，家中有娃後就還有另一項重要支出 —— 遊玩。大女兒三歲以後，幾乎每個寒暑假，曾老師都會帶她外出遊玩。當然，出遊的目的地大都是孩子們喜歡的，例如各種主題樂園和動物園。帶娃去玩，費用是比較清晰的：一是機票、高鐵票、出租車等交通費用，二是景點或遊樂場的門票支出，三是吃喝住宿的消費，四是遊玩時購物的花費。

　　2017 年寒假和 2018 年寒假，曾老師全家兩次去香港遊玩，目標很明確：迪士尼樂園和海洋公園。因為第一次去了這些地方後，大女兒很喜歡，還想再去，所以到了第二年母女倆約好，大女兒如果在幼兒園各方面表現棒棒的，就可以再去第二次，大女兒為此非常上心和認真，快到寒假的時候，變得異常聽話，吃飯也加快了很多，晚上早睡，早晨早起。幼兒園一放假，大女兒就跟曾老師說，要按約定再去香港迪士尼樂園和海洋公園。於是全家又去了一次，第一次是曾老師帶她，跟鄰居小朋友一起去的，第二次是全家出動。每次孩子都不知疲倦，玩得十分開心，大人們陪著，反而累得要命。

相比在周邊城市遊玩的支出，兩次去香港遊玩的支出是很大的。首先是香港的住宿特別貴，主題樂園內部酒店的住宿更貴，裏面的設計很適合小朋友住，大女兒非常喜歡，但每晚的房費基本都在 2,000 元左右，這是在香港遊玩支出的重頭戲；其次是門票也不便宜，特別是全家出動，好幾個大人一起去，門票加起來也有近千元；最後，每次在景區多多少少都會給孩子買些禮物或紀念品，雖然東西不多，但因為價格很高，這個花費也是很 "可觀" 的。曾老師和丈夫都是工薪階層，花這個錢的時候當然相當心疼，不過看到女兒 "如此享受遊玩的過程，也是值了！" 曾老師特意補充道。

除了寒暑假外，週末或傳統節假日，曾老師會有計劃地或即興地帶大女兒去武漢、上海、桂林、青島、廈門、珠海、東莞、中山等省內外城市遊玩，這也是大人們放鬆的機會，花費主要是交通費和住宿費。考慮到女兒暈車，遠足遊玩的次數大概可以用 "偶爾" 來形容。曾老師又解釋說，幼兒園的時候基本沒有作業，出去遊玩很輕鬆，是帶孩子多出去走走的好時機，但上了小學後，有作業要做，有任務要完成，有興趣班要參加，遊玩時間明顯減少。

## ◎ 上幼兒園，也不容易

說起大女兒幾年前上幼兒園的事情，曾老師仍記憶猶新。大寶是 2012 年龍年出生，在那年出生的"龍寶寶"特別多。到了上幼兒園的時候，本來就緊張的公辦幼兒園學位，自然嚴重不足了。2014 年的時候，廣州由於公辦幼兒園學位不足，實行了電腦搖號派位政策。到 2015 年，家有幼兒園學齡孩子的家長們，早早地研究了電腦搖號的各種攻略，那個陣勢絕對不亞於高考填報志願的情景。

曾老師一家也不例外，丈夫詳細認真分析了學校的位置、招生規模、家長評價等信息。到了網上填報那天，快速地進入系統填報，生怕網絡會有一絲一毫的耽擱。一位有高學歷的教授，一個資深編輯，睜大眼睛，一起仔仔細細地核對每一項報名信息，神情高度緊張，生怕出錯，如此情景，曾老師想起來仍不禁笑了笑。

到五月中旬正式公佈結果那天，小兩口心情忐忑地打開電腦查看情況，結果大失所望：填報的兩所公立幼兒園都沒有錄取，有一個竟然是 300：1 的報錄比！失望之餘，夫妻倆在各自安撫了對方的心情之後，決定去找其他不參加公開搖號的公辦幼兒園再問問。正好有家部隊幼兒園在丈夫單位附近，這樣丈夫上班的時候，就可以順路把女兒帶過去，距離曾老師上班的地方也不遠。

很幸運的是，這家部隊幼兒園還剩下僅有的一個學位，大女兒得以順利報名，因為是單位內部的幼兒園，沒有地方財政支持，非本單位職工要交三萬元的 "贊助費"。帶大女兒去看過幼兒園寬敞乾淨的環境之後，大女兒馬上便喜歡上了這所幼兒園，曾老師也是毫不猶豫地刷卡交了錢。開學之後，平均每月大概還需要交 1,400 元左右的保育費和伙食費，包括早中晚三餐，這個收費還算合理。如此下來，從 2015 年至 2018 年，大女兒三年上幼兒園的費用加上入園的 "贊助費"，總計有七萬多。如果去民辦幼兒園，雖然不用交 "贊助費"，但每月的各種費用加起來也有 2,600 元左右，三年算下來，總費用相差不大。由此可見，當時如果誰家中了公辦幼兒園的號，無疑就是中了一個萬元大獎，至少能節省幾萬塊錢吶！

## ◎ 女兒是個小書蟲

　　曾老師自己是做圖書編輯的，職業敏感度讓她很有意識地培養孩子的閱讀習慣。如何選擇一本優質的兒童書？曾老師也有自己的 "獨門秘方"：一是自己先瀏覽、閱讀書中的內容，保證孩子遠離低俗化的不良童書。二是根據各類信息進行判斷，優選口碑好、獲獎多、受歡迎的優秀圖書。例如，這本書都獲過哪些獎。國內及國際各種獲獎兒童圖書是優先考慮的，當然父母們之前都需要了解有哪些兒童文學獎，這些獎項偏重於哪些方面，權威的評論家或者書刊對該書的評論怎麼樣，再有就是這本書的轉述版權的情況，比如被多少種語言翻譯過，這說明這本書在世界各地被認可和受歡迎的程度，也為這本書內容的價值和含金量，給予了一個間接的評估和參考。

從大女兒一歲開始，曾老師和丈夫就有意識地給孩子講繪本故事，只要有空就帶孩子去逛書店。家中還開闢出一塊"讀書角"，那是為大女兒佈置的專門看書的地方。這一點，作為媽媽的曾老師，還是花了不少心思的，給孩子購買她心儀的書架、台燈、桌椅等，讓孩子喜歡待在這片屬於自己的小天地。孩子看書，曾老師也拿一本書在旁邊陪著看，曾老師一直相信，言傳身教才是最好的教育方式。週末的閒暇時光，母女倆常在閱讀中度過，讓大女兒自由選擇感興趣的書看，大女兒有了看書的樂趣，形成了讀書的習慣，帶孩子的大人也省事很多。

　　讓曾老師特別欣慰的是，廣州有很多圖書館和實體書店，閱讀的氛圍很濃厚，每次去圖書館或書店，裏面的人都是滿滿的，這也應該是大城市的文化標配。曾老師家附近就有一家書店，裏面的部分區域是區圖書館的分館，各種圖書挺多

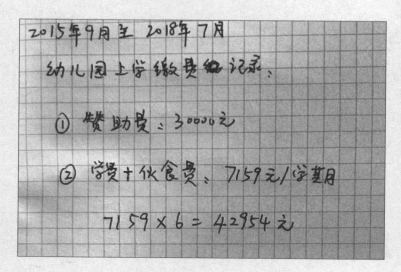

大女兒上幼兒園三年的總花費。一般公立幼兒園的費用會少很多

2015年9月至 2018年7月

幼儿园上学缴费细记录：

① 赞助费：30000元

② 学费+伙食费：7159元/学期月

7159×6 = 42954元

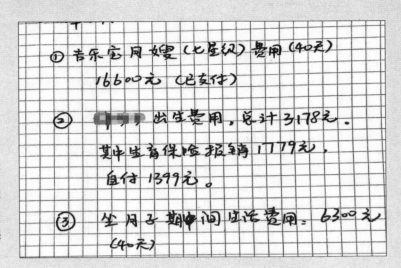

2018 年 5 月，曾老師生下小女兒，因為請了月嫂幫忙照顧，花費漲了很多

① 吉乐宝月嫂（七星级）费用（40天）16600元（已支付）

② ▓▓▓ 出生费用，总计 3178元。其中生育保险报销 1779元，自付 1399元。

③ 坐月子期间生活费用：6300元（40天）

① 英语外教课、四个学期（含春季、暑期、秋季、寒假）费用：7500元

② 美术（少儿童画）：9240元（48课时）

③ 中国舞实体机构课程：13440元（48节课）

④ 游泳一对一课程：2400元

⑤ 数学实体机构课：11320元

⑥ 语文实体机构课：11320元

大女兒 2018 年的興趣班花費

的。圖書館和書店的環境非常不錯，清新明亮的裝修設計，裏面非常安靜，很適合閱讀。只要有空，曾老師或她先生就會帶大女兒去書店待著。書店裏面還設有咖啡廳、聽讀室，大家都在專注地看書，這種適宜閱讀的環境對培養孩子讀書的興趣是至關重要的。如果看到自己喜歡或是孩子喜歡的書，即使不打折，曾老師還是會毫不猶豫地買下來。稍微有點缺憾的是，書店的童書種類比較少，所以孩子購書這塊，曾老師還是以網購為主。當然了，網購圖書，也比實體書店便宜了不少。

曾老師也有購買書單的記錄，以 2017 年 1 月至 2018 年 9 月購書清單為例，總計花費是 2,664.6 元。這些圖書都是大女兒非常喜歡的，大多是系列圖書，很多本，可以反覆看；當然

### 曾老師給大女兒在2017年1月至2018年9月間購買的圖書

| 圖書名稱 | 冊（本）數 | 消費支出（元） |
|---|---|---|
| 不一樣的卡梅拉 | 47 冊 | 228.00 |
| 神奇校車 | 10 本 | 305.00 |
| 花格子大象艾瑪 | 10 本 | 278.00 |
| 巴巴爸爸經典故事系列 | 10 冊 | 95.80 |
| 小熊和最好的爸爸 | 1 本 | 35.00 |
| 小兔波力品格養成系列 | 11 本 | 499.00 |
| 蘇蘇和維維歷險記 | 10 本 | 190.00 |
| 說給兒童的中國歷史 | 9 本 | 144.40 |
| 青蛙弗洛格的成長故事 | 10 本 | 190.00 |
| 大中華尋寶記 | 25 本 | 546.00 |
| 童話小巴士系列橋樑書 | 第一輯、第二輯 | 153.40 |

有的書，需要大人幫忙講解，圖畫多的和文字簡單的，孩子自己完全可以閱讀。現在很多兒童圖書配有微信公眾號，附載有聲閱讀，曾老師家的大女兒經常邊翻看書，邊聽公眾號的有聲閱讀，時間一久，沒人教她認字，她竟然可以自己閱讀，一些常用的文字也都認識了。

## ◎ 讓人糾結的"起跑線"

　　上完幼兒園，就得上小學了。"望子成龍，望女成鳳"，在孩子升學擇校的路上，從熟悉政策、了解學校到付諸行動、糾結選擇，每一位家長都是"身經百戰"、各有心得。不同的父母有著不同的選擇標準，有的為便於孩子上學，方便家人接送，會選擇就近入讀；有的則擠破頭也要進名校，不惜斥巨資購買又老又破的學位房，只為求得一個"重點學校"的頭銜；有的則費盡心思、多方打探，希望能謀得一個擇校的資格，哪怕花再多的贊助費也在所不惜……無論是哪種選擇，父母們的初衷都是幫孩子選擇一所"好學校"，讓其能在其中開心快樂又收穫滿滿地度過六年的學習時光。曾老師一家也是如此。在入讀小學前，曾老師與丈夫早已做好"戰略部署"並分頭行動，一個了解各類學校排行、師資、環境、教育理念等資訊，務求全方位了解招生形勢與動態；一個四處奔走、踏遍周邊，只為尋得合適的學位房。"媽媽，我想在裏面讀書，校服可漂亮了！"或許是看到了女兒對家附近小學的嚮往，抑或是選擇進重點小學的成本實在太高，反覆權衡後，曾老師還是決定讓女兒就近入讀。

　　2018 年 9 月，曾老師的大女兒正式入讀小學。剛開始，曾老師想著現在住房對口的小學還過得去，校內學習的內容還比較簡單，課餘時間再抓緊一點應該就可以了。然而，讓曾老師沒有想到的是，事情遠遠沒有她想得那麼簡單。等女兒入學後，曾老師驚訝地發現，班上的很多孩子都已經提前學了各種"銜接班"、"預科班"、"強化班"的課程，而自己的女兒完全是一枚"小白"。

最初，曾老師和丈夫推崇的都是快樂教育，所以女兒在三到六歲時都是在幼兒園輕輕鬆鬆地玩，只學會了一點點數字描紅。值得一提的是，2018 年 5 月中旬，曾老師生下了二寶，坐月子、休產假、照顧二寶，可以分給大寶的時間少之又少，當時又正值大寶幼升小的關鍵適應期，這也讓曾老師對大女兒充滿了愧疚。所幸，大女兒似乎懂得了媽媽的不易，快速適應了小學的學習和生活：早睡早起、自覺完成學校的作業，讓曾老師省了不少心。為了讓大女兒跟上學校的學習進度，在她的業餘時間，曾老師還是花了不少心思跟女兒一起做課外學習規劃，所選擇的課程、老師和授課模式，也都是女兒喜歡的。

## 大女兒每週課外學習安排

|  | 週一 | 週二 | 週三 | 週四 | 週五 | 週六 | 週日 |
|---|---|---|---|---|---|---|---|
| 上午 |  |  |  |  |  | 美術 | 游泳 |
| 下午 |  |  |  |  |  | 語文 | 數學 |
| 晚上 | 英語線上外教課程（每隔一週） |  |  |  | 中國舞 |  |  |

曾老師記事本裏的繳費記錄單：英語線上外教課，一年費用大概 7,500 元；中國舞實體班課程費用 13,440 元（48 課時）；美術課實體班課程費用 9,240 元（42 課時）；游泳一對一課程 2,400 元（5 個月）；數學實體課費用，一年 11,320 元；語文實體課，一年 11,320 元。"只有在交女兒學費的時候才是最大方"，曾老師笑著說，一年五萬多的課外費用，"眼睛眨也不眨地就交了"。然而，一切心思、汗水與金錢的付出，在收到孩子成績單的時候似乎都是值得的（實踐證明，對大多數孩子而言，課外的培優課確實與學習成績密切相關），2019 年 7 月，大女兒的期末考試成績出來了，語文 99 分，數學 99.5 分，英語 100 分，與之前相比有了很大的進步。"但還得繼續努力！"曾老師感慨地說："暑假來臨，新的培訓費用又要續

原來養孩子，收入低，成本也比較低，普通家庭一般生養三四個孩子

現在養孩子，從小要上
各類興趣班、輔導班、
補習班，生怕孩子"輸
在起跑線上"，花費大
大增加了

教育孩子常常是全家齊
上陣，陪讀陪玩，不少
家庭的父母都很捨得在
教育上投入時間、精
力、金錢

費了……"

2015 年黨的十八屆五中全會決定全面實施一對夫婦可生育兩個孩子政策，中國正式進入"二孩"時代，"獨生子女"開始成為歷史名詞。二孩政策放開後，生育率並沒有如之前人們預期的那樣上漲，不想生、不願生、不敢生，反而成為一個重要社會話題，這其中的原因是多樣和複雜的，但一個共同的體會是：生娃、養娃、教娃的成本越來越高。我們從上述曾老師家的賬本裏也明顯有這樣一個直觀感受，其實那些只是財力上的支出，而心力上、精力上和時間上的投入也是巨大的，當然，孩子成長帶來的成就感、幸福感和滿足感，也蘊含在這個過程中。

# 生養成本持續升高

### ◎ 育兒成本升高，生育意願降低

伴隨經濟發展和社會轉型，中國人口形勢正在發生巨變，人們的生育意願普遍下降。人口問題再次成為社會普遍關注的大問題。從數量上看，中國人口雖然規模依舊龐大，但快速老齡化和嚴重少子化的結構性難題突出。對一個國家或民族而言，人口結構出現過快變動，都會導致不平穩、不協調現象，從而影響國家經濟結構和社會結構穩定。雖然目前中國二孩出生數量增加和一孩出生數量減少，二者大致相抵，造成總和生育率變化不明顯，但在未來，隨著生育觀念的變化，特別是育兒成本的上升，總和生育率大概率將會持續下降。

上文出現了一個人口學中的專有名詞 —— 總和生育率，在此需要解釋一下，總和生育率是指一個國家或地區每名婦女育齡期間，平均生育的子女數量。國際上一般認為，總和生育率達 2.1，是一國實現和維持代際更替的基本條件。總和生育率低於 1.5 被稱為 "低生育率陷阱"，低於 1.3 為 "極低生育率"，對人口更替和未來發展不利。21 世紀以來，中國總和生育率在 1.5 至 1.6 之間。二孩政策實施後，原國家衛生和計劃生育委員會（衛計委）發佈的數據顯示，2016 年，中國總和生育率提升至 1.7 左右。

1.6 到 1.7 的總和生育率，依然是不高的。目前優生優育的理念已經深入人心，生了就要好好養，好好養就意味著更多的物質和精神方面的投入。根據原國家衛計委在 2015 年生育意願調查的結果，因為經濟負擔、太費精力和無人看護而不願生育第二個子女的分別佔 74.5%、61.1%、60.5%。照料壓力、養育成本、女性職業發展，以及追求生活質量等因素，對生育意願和生育行為的約束不斷增強。

調查還顯示，育兒成本已經佔中國家庭平均收入的近 50%，教育支出是最主要的家庭經濟負擔。託育服務短缺非常嚴重，0 至 3 歲嬰幼兒在中國各類託幼機構的入託率僅為 4%，遠低於一些發達國家的 50% 的比例。80% 的嬰幼兒由祖輩幫忙看護。近年來，大中城市房價攀升，也影響一些家庭的生育決策。一些用人單位擔心女性生育二孩提高用人成本，一些地方女性產假、哺乳假等權益落實不到位，都影響著人們的生育

在"只生一個好"的時
代，城市裏不少獨生
子女成了家裏的"小
皇帝"、"小公主"，
從小就被父母送去學習
"十八般武藝"

"二孩"時代的來臨，
媽媽一邊要輔導老大做
功課，一邊還要照顧老
二，常常感覺手忙腳亂

意願。母嬰設施缺乏，女性在兼顧家庭和事業發展方面，存在著很多的顧慮。

　　從政策上看，中央明確提出構建家庭發展支持體系，鼓勵按政策生育。一方面，國家積極構建配套的政策體系，完善醫療、託育、教育、社保、稅收等相關經濟政策，加強婦幼服務體系建設，完善基本生育免費服務制度，加強兒童醫療服務供給。積極開展託育服務，大力推進學前和中小學義務教育均等化，國家還開展相關福利制度的政策研究，完善促進性別平等的政策措施，保障女性就業、休假等合法權益，平衡工作和家庭的關係。另一方面，國家也在大力加強新型人口文化和生育文化的建設，倡導家庭負責任、有計劃地生育。每一個家庭都要重視家庭建設，夫妻要共同承擔養育子女的責任，不要把責任都推給母親。國家還要完善相關配套政策，比如加強助產服務、加強婦幼保健能力的建設、加強託育服務，保障女職工生育期間的勞動權益等。

　　但政策實施的效果一般有 5 至 10 年的滯後，而在此期間，人們的生育意願會繼續變化。目前 20 世紀 90 年代出生的 90 後，已經步入育齡期，而他們的生育意願，相比 70 後和 80 後，顯得更低。


◎ **條件在改善，要求在提升**

　　上述賬本中，曾老師和先生的工作，雖然比較忙碌，但還算不上壓力巨大或競爭激烈，加之是國企和學校，產假和陪護等政策落實較好，經過猶豫和權衡，他們"勇敢"地生了二寶。但也有很多家庭並非如此，諸多現實壓力讓他們打消了生二胎的想法。這些現實壓力，除了照顧不過來、年齡、工作等因素，一個最重要的原因是，現在養孩子太精細了，"門檻"太高了，養一個勉強可以，養兩個的負擔還是很重的，會影響往後的生活質量。這也是曾老師十分認同的觀點。

在曾老師、筆者以及大多數讀者的兒時，養育孩子的成本確實不高，俗話説，不就是多一雙筷子嗎！在農村，除了吃喝穿用，就是上學的支出，其他什麼興趣班、各種玩具、外出遊玩，都是極少的。在城市，也差不多，興趣班多是在少年宮裏學，學費很低廉，頂多是長大一點了，跟父母要錢買些流行的衣服、鞋子、學習用品等物品。

但現在，一切都變了。

首先是嬰幼兒託管。目前，由於中國嬰幼兒託管行業發展滯後，在三歲上幼兒園之前，很多孩子往往只能在家待著，由老人或家人專門照看，而現在大約 80% 的嬰幼兒都是由祖輩幫忙在日間看護。依靠祖輩照看孩子，條件在於，老人身體要好，且有主觀看護意願。請保姆看護也可以，但保姆看護費用持續走高，而且很多人未必放心。若女性辭職專門帶孩子，對城市的工薪一族，可能性很小，因為這樣的經濟代價更大。

其次是零至三歲期間的幼兒養育花費。雖然窮有窮的養法、富有富的養法，但總的趨勢是越來越貴。若有祖輩幫忙看護，已經算是省去了一大筆費用。但其他支出，例如奶粉、零食、水果等每個月要 1,000 元以上，紙尿褲、玩具等每個月要 400 元以上，還有早教、疫苗和其他醫療費用。三年下來，接近十萬塊錢是需要的。這其中的大多數支出是剛性的，要追求更好的條件和品質，花費就不止這麼少了。

再次是三至六歲幼兒園的花費。這期間的費用，除了日常吃喝穿用，可以分為兩部分，一是幼兒園的相關費用，二是興趣班和遊玩的相關費用。上文賬本中曾老師女兒的費用清晰地展示了這方面的支出，對於工薪家庭來講，也並非小數目。在大城市，民辦幼兒園每月要 3,000 元左右，普通公辦幼兒園每學期要 3,000 元左右，再加上每個月還要 1,000 至 2,000 元的興趣班。三年下來，再加上飲食、服裝、遊玩，即使是讀公辦幼兒園，差不多也得十萬元左右。

前不久網絡上有個被熱議的故事 —— 武漢有個網友，在 2017 年的國慶，因為自己開始帶娃，就算了一筆賬，她回憶，2010 年的新聞裏，武漢養娃七歲前的成本是年均兩萬元；2011 年成本驟增，從懷孕生子到大學畢業，至少 32.9 萬元；2013 年的新聞變成了 "網傳武漢養個娃成本 160 萬元"。2017 年她自己算了算，一年僅孩子的基本生活、教育、醫療等費用，每個月在 3,000 元上下，一年也接近四萬元。這裏算的還是公立學校，沒有任何培訓教育的情況。我們無從核實和考證網友所講故事的準確性有多高，代表性有多強，但通過與曾老師的賬本對比，這個故事基本就是現實。

## 孩子在長大，教育支出是投資

### ◎ 校內花費很少，校外支出很大

當孩子離開幼兒園，從接受義務教育開始，就從養娃變成了教娃，這時的主要支出轉向教育。"再苦不能苦孩子，再窮不

計劃生育之前是老大帶老二、老三滿地爬，小孩子不知不覺就長大了

農村的水田裏，娃娃們隨手一捧，就是一隻隻可愛的小蝌蚪，童趣無窮

曾老師小時候體育課考試有跳繩項目，現在上一年級的大女兒也是

能窮教育"，這是中國人傳統樸素卻又目光長遠的想法。2017年滙豐集團（HSBC）的全球調查報告《教育的價值》顯示，中國內地父母對子女教育經費的重視程度名列全球第一。

對每個家庭來説，收入是硬約束，生活中需要花錢的事項總是太多，需要在財務上進行取捨，而中國父母最不願意放棄的就是子女教育開支。相比房貸還款、保險支出、投資理財及退休儲備等財務需求，《教育的價值》的問卷顯示，有近六成（59%）的內地受訪父母表示，子女的教育經費是他們最不可能削減的支出，遠高於全球平均水平（32%）。孩子的教育相當於對孩子的人力資本投資，也是一項教育服務的消費，這應該算是中國當代最大的"奢侈品"，尤其是在大城市，不論是培優教育支出本身，還是學區房等和教育有關的投資，都在家庭支出中佔很大比重。

在旺盛需求的刺激下，教育培訓市場發展迅速。根據行業相關數據，2017 年，中國教育行業的市場規模已經超過20,000 億元，同比增長 12%。在電商的衝擊下，不少傳統商場生意蕭條，被迫撤場，空餘出來的商業空間，很快就被各類幼兒、中小學教育培訓等機構所填補。這些培訓課程有，藝術類的，諸如畫畫班、書法班、鋼琴班，適合各年齡段；主課類的，諸如英語輔導、數學輔導、語文輔導，適合各年級；還有針對各種學習難度、強度和進度的，諸如遠航班、火箭班、基礎班，以及適合各種學生需求特徵的，諸如"一對一"、"小班制"、"寒假班"、"衝刺班"……

現在 80 後、90 後的家長越來越多，他們比上一代父母更加重視教育。所以他們選擇讓孩子參加各類興趣班，這不僅僅是為了讓孩子學習成績不落於人後，更是為了孩子將來的發展。多數家長的觀點是，報了這麼多興趣班，孩子的確很辛苦，但是不想輕易放棄孩子的興趣，哪怕幾個興趣最後只培養出一個特長也是值得的。例如，到了升初中、升高中，某一個興趣若是堅持下來了，將在升入更好中學的競爭中發揮巨大的作用。畢竟，只要考試和成績的指揮棒還在，誰都無法完全去否定課外補習或培優的合理性。目前中國小學和初中屬於九年義務教育階段，不需要收取學費，書本費等支出也很少，但一年下來教育費用卻很多，主要是週末和暑假參加輔導班、興趣班的費用。對比上述賬本故事中曾老師大女兒的課外學習支出，到了初中、高中，這個支出只會更多，因為隨著學科難度的提高，補習課的費用也會相應增加。但是，教育經費往往會受到家庭經濟的限制，目前家庭收入的差距，一個最直觀的體現就是教育支出的差距。教育投資是一個長期行為，為了讓孩子受到更好的教育，同時考慮到物價上漲和教育經費增長率，父母有必要提前準備好教育經費，越早規劃以後就越主動。

## ◎ 成長影響因素多，成材觀念需更新

在孩子成長過程中，教育的獲取，知識的學習，考試的成績，是很重要，這不能否認，但這不是全部。因為孩子的成長是一個接受外部各種信息的過程，數學、語文、英語、物理、化學、歷史、地理等知識的學習，雖然直接關乎升學，但也只是各類信息中的一部分，來自家庭、人際和社會等其他方面信息的影響一樣重要，也是成長過程中必不可少的，甚至一樣可以改變人生的軌跡。

例如家庭的影響，其重要性往往被很多人忽視或輕視。在

許多家長眼中，教育似乎應該只是教師和學校的責任，和自己的關係好像不大。其實不然，父母是孩子的第一個老師，也是最重要的老師，是言傳身教和身體力行層面最好的老師。家庭教育是教育的基礎，是不可或缺的一部分，也是孩子整個成長過程中堅實的後盾。一個良好的家庭教育環境，更容易培養出獨立自主、性格完整、"三觀"（即"世界觀"、"人生觀"、"價值觀"，編者注）正確的孩子。相反，生長在家庭教育缺失或者有缺陷的家庭的孩子，往往在性格、為人處世方面有所缺失。

又比如，若是父母常把負面的示範和要求傳遞給孩子，長此以往，極有可能影響孩子將來的為人處世。假如家長的教育是專制的，幫孩子做好所有決定，這樣長期下來，孩子往往會形成膽小怕事或者暴躁易怒的性格；再比如溺愛的管理，不管孩子說什麼，家長都同意，長期下來，孩子就會變得霸道、自我、脆弱。這些影響孩子一生觀念和行為的家庭因素，其實比學習成績排名、考上什麼大學都重要得多。

同時，隨著社會的發展進步，我們也要對"成龍、成鳳、成材"的觀念進行更新，儘管這個轉變可能是一個漫長的過程。基於先天的自然遺傳和後天的社會影響，每個人都是不一樣的，也都具有不同的性格和專長，教育將會使得人們的專長得以更好地表達和發揮。但在接受教育和考試競爭過程中，更善於記憶和邏輯演算的人，考試技巧掌握得更好的人，會得到優先的機會，進入更高的受教育平台，而其他人就未必可以。那其他人，難道就不能成材了嗎？答案當然是否定的，三百六十行，行行出狀元，社會上需要各類人才，記憶能力差的，動手能力可能很好，做一些操作類的工作就非常擅長；

邏輯演繹天賦不好的，應急處理能力和意志力可能很強，現場感也不錯，照樣能做好一些流程管理和工程類工作。只要這份工作適合他的性格和專長，就是最好的工作；只要幹一行愛一行，他喜歡這份工作，就是最好的工作；做好自己的這份職業和工作，獲得合理的薪酬，對自己適合，對家庭有用，對國家有利，就都是"成龍、成鳳、成材"。一定非得把職業和工作分出個三六九等、高低貴賤的觀念，現階段確實存在，筆者能夠理解，但絕對不贊同，因為這不是人類社會進步的方向，更不是未來評判人發展的"標準"。人的發展，應該是平等和互利的，應該是自由而全面的。

過去養娃很簡單，不用買什麼玩具，自製小木槍照樣玩得不亦樂乎

孩子經常幫父母幹家
務，做洗衣服、打掃衛
生等一些力所能及的
事情，有助於孩子健康
成長

總有家長逼著孩子學自
己不喜歡的"特長"，
好像不給孩子報班就低
人一等似的，導致不少
家庭花費重金去學"興
趣班"

# 賬本裏的鄉村紀事

## 兩個農村的賬本故事

# 集體賬與家庭賬
# 兩個農村賬本故事

這次我們來看兩個賬本，都來自農村，一個是過去的集體賬本，一個是後來的家庭賬本。

## ◎ 集體賬本，記錄普光村 20 年經濟史[1]

在千年古剎普光禪寺旁，有一個因寺得名的行政村 —— 普光村，如今這個行政村隸屬於浙江省嘉興市南湖區余新鎮。半個多世紀以來，這個看似尋常的小村一直保留著一份屬於自己的 "獨家記憶"：一套完整的村級經濟賬本。這個是一套村集體賬本，村民把在村裏的收支情況、分紅都完整地記錄下來，賬本見證了普光村的歷史變遷。

2004 年，村裏請村的老會計費正林撰寫村誌，老人在村裏重新發現了這套 "寶貝"，這套村級經濟賬本得以 "重見天日"。如今這個賬本已經捐贈給嘉興市檔案館，也成為查詢了

---

[1] 本故事根據浙江在線嘉興頻道文章《一套老賬本還原普光村塵封 50 多年的 "獨家記憶"》整理改寫而成。

解、分析研究嘉興五十多年前農村經濟情況的珍貴資料。

　　村民記錄的老賬本是 1962 至 1982 年的賬目情況，這一套賬本裏主要包括了春花預分方案、早稻預分方案、年終糧食分配方案、年終經濟分戶方案和年終決算總分方案五個部分。每個方案都有一本單獨的賬本，賬本上清晰地記錄了那個年代的普光村所在地區的農村人口數量情況及農民經濟收入狀況。

　　這套村級經濟賬本一直被存放在一隻老木箱裏，歷經行政村的拆分與合併，這套老賬本被完好無損地保存了下來。這 20 多冊賬本編寫完成後就一直保存在箱子裏，雖然村部搬遷過多次，但歷任村幹部都把這些東西當做村子裏的寶貝。這樣一套保存完好的村級經濟賬本，應當是相當少見的。翻開這些老賬本，戶主姓名、人口數量、工分統計、畜肥獎糧、三定糧、計算口糧……村裏每家每戶的各方面情況被清晰地羅列出來。費正林老人說：“從初級社開始我就在做賬本，每一年

這套村級集體賬本，是 1962 年到 1982 年普光村的全部經濟檔案

每一戶的收益都有明確的記錄。"

家住普光村四組的翁守榮生於 1946 年，曾經擔任普光村的生產隊會計、隊長。年逾七旬的他對於這一套老賬本有著非常深厚的感情。20 世紀 70 年代初他任紅旗大隊第四生產隊會計，29 歲時開始擔任第四生產隊隊長。1974 至 1983 年翁守榮擔任生產隊隊長時，曾創造過集體經濟總收入同比增長超過 80% 的 "神話"。早在黨的十一屆三中全會之前，翁守榮就在管理上利用包產到戶的方法來提高農戶的積極性，實現增產增收。1977 年，翁守榮把隊裏一塊 20 多畝的油菜花田分配給每戶，由農戶自己負責耕種和管理，多勞多得，結果當年的產量比上一年高出了近一倍，這些數據都記載在這套村級集體賬本中。

翁守榮說，非常有意義的是，老賬本的起止時間 "蘊藏" 了新中國成立以來農村的兩個歷史性事件。"1958 年我們正式組建了人民公社，當時普光生產大隊隸屬曹莊人民公社，1962 年起開始實行生產資料歸公社、生產大隊和生產隊三級組織所有的集體所有制經濟。因此，1962 年開始，大隊開始需要記賬，這就是這套賬本為什麼始於 1962 年的原因；同樣，1982 年全國開始全面推行家庭聯產承包責任制，我們大隊也是在 1983 年正式分田到戶，所以從 1983 年開始，集體賬本就沒有記錄的必要。"

施招霖是現任普光村黨總支書記，他是這套老賬本的 "同齡人"。生於 1962 年的施招霖對於 20 世紀 60 年代時家裏的情況只有模糊的記憶，"工分"、"分紅" 這些詞語對於他來說是

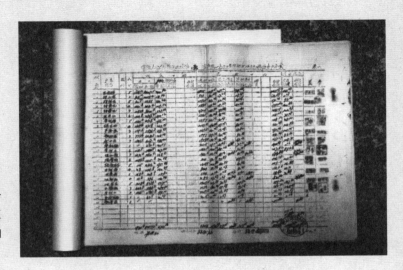

從工分統計到口糧分配，賬本內容事無巨細，所有的收支都有明確紀錄

時間、生產隊、數量，賬目都被清晰地記錄，還有蓋章確認

既熟悉又陌生。施招霖說：「現在已經完全想像不到那時的生活有多麼苦了。」他翻開自己出生那年的賬本，上面清楚地記錄著，家裏到年終一共分得 54.43 元，這也就是施招霖家 1962 年全部的經濟收入。藉助這套賬本，施招霖還找回了許多兒時的記憶。1979 年大隊有次「萬元大分紅」活動特別轟動，記得當時家裏一共分到了 300 多元，在村裏算是比較多的，還有鄰居分到 1,000 多元，讓人非常羨慕。

老賬本泛黃的紙上，密密麻麻的文字和數字背後，普光村 20 年集體經濟的「村史」躍然而出。老賬本記錄的 1962 到 1982 年，正是中國從「大躍進」、「文化大革命」到黨的十一屆三中全會再到改革開放的年代。其間，知識青年上山下鄉、計劃生育、改革開放……這些歷史事件都被老賬本忠實地記錄了下來。

甚至不需要把賬本翻開，都可以看到普光村的變遷。因為在每冊賬本的首頁，都有普光村的「曾用名」。1962 年的時候，村名還叫做「普光生產大隊」，從 1962 年往後的賬本都叫這個名字，到了「文化大革命」時期，「普光生產大隊」將名字改為「紅旗大隊」，直到 20 世紀 80 年代才正式定名「普光村」，這在這套賬本上都有體現。變更村名的同時，普光村當時還經歷了很多次拆分與合併，比如在 20 世紀 60 年代，周邊的盛家浜、沙橋、紅民等村也劃進普光生產大隊，這些變化在這套賬本中都有詳細的記載。

在普光村經濟賬本中，人口也是賬本可以提供的歷史信息之一。在 1962 年的賬本上可以看到，當年的人口增長速度非常快。"當時三年嚴重困難剛剛結束，普光村迎來了一個生育高峰期，新生兒數量非常多，1962 年全年一個小隊的新生兒就達到七個。"施招霖說。自 1962 年以後，普光村人口一直穩步增長，直到計劃生育政策的實施。繼續往後翻頁，賬本記錄的時間進入 20 世紀 80 年代，賬本中"人口數量"一欄開始出現了不少"3"字，三口之家數量的增加無疑是計劃生育政策實施的結果。在賬本上可以清楚地看到，20 世紀 80 年代之前，普光村每戶人口數大多在六人以上，進入 20 世紀 80 年代以後，三口之家慢慢增多，人口增長的速度也明顯放緩。

## ◎ 家庭賬本，見證農民 30 多年生產生活史[1]

劉元九是山東平度市大澤山鎮三山東頭村的一位村民。他有一個特別的愛好，就是喜歡記賬。從 1982 年開始，他堅持將家裏的日常收支情況記錄在賬，36 年來樂此不疲，從未間斷。2007 年，他記錄的賬本被國家博物館珍藏。2018 年 11 月，國家博物館將劉元九記錄的 2007 至 2016 年共計十年的"生產生活日記賬"納入館藏。這是繼 2007 年劉元九記錄的 1982 至 2006 年的賬本被國家博物館收藏後，他的家庭賬本第二次成為"國家記憶"。

至此，國家博物館已收藏其總計 35 年的家庭賬本，這也是國家博物館在全國範圍內收藏的唯一一本由農民自己記錄的家庭賬本。

---

[1] 本故事根據大眾網特別報道《平度農民劉元九用小賬本記錄大變革》整理改寫而成。

劉元九因為以前就給生產隊記工分、記賬，到 1982 年，他已經給生產隊記了十年賬，都記成習慣了，自己也萌生一個想法：小家庭過日子也應該記本賬。於是，從 1982 年開始，他在田間地頭勞作之餘，就開始記賬，一直堅持記了 36 年。

　　一開始，他記賬是為了回頭看看家庭開支，看清楚一個月的家庭花銷在哪個方面超支了，哪些錢是可以節省下來的。小到一分錢，大到重大開支，過日子都要精打細算，做到心中有數。慢慢地，嘗到了記家庭賬本的甜頭，讓劉元九在精打細算之餘，小日子的各項打算都能通過賬目達到收支清楚，安排得有滋有味、井井有條。尤其是回味起賬本裏的生活點滴，劉元九彷彿看到一部時代變遷的家庭影片，裏面的酸甜苦辣都能一目了然。

　　先說吃方面。劉元九的家庭賬本上，最小的一筆花銷是

1982 年的賬本封面。記過生產隊賬的劉元九，記家庭賬得心應手

1986 年劉元九家年收入過萬，正式成為"萬元戶"

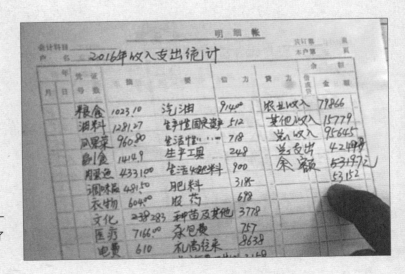

2016 年，劉元九家一年的純收入已經達到了五萬多元

1982 年 7 月 19 日，他花六分錢給兒子買了兩支冰棍。這一年，家裏生活開始改善，這種變化正是因為農村的政策變化帶來的。1982 年年底，三山東頭村實行包產到戶。當年，全家收入 836 元，支出 574.9 元，其中僅吃就花掉近 300 元。到 1985 年，他家的飯桌上終於擺上了白麵饃。和以前天天吃玉米麵、地瓜麵相比，飯桌上每天都能吃白麵饃，那可是農村人的一種巨大的幸福。

再說說穿方面，以前的開支很少，也是從 1982 年他記賬開始，花在穿衣方面的錢逐年增加。劉元九回憶，20 世紀 80 年代初，村裏人做衣服要靠布票，每人每年只能分到一米的布料，還不夠成年人做一條褲子。2004 年春節前，他為剛大學畢業的兒子劉佳就買了一件 235 元的棉衣和一套 198 元的西服。"我們老兩口不愛講究，穿啥衣服都行，但每年總得給孩子買新衣裳，有時候一年花在新衣服上的開銷就有五六百元。"2007 年老兩口買的衣物支出達到 420 元。

再看看住方面。到了 1992 年，劉元九花了 2.7 萬元自建了新房，居住條件得到極大的改善，本想作為兒子的婚房，但兒子在青島發展，就他們老兩口自己住，這也是他們家花在住方面的第一筆大開支。後來，兒子在青島購買了一套 84 平方米的住房，他們老兩口贊助了 13 萬元，兒子裝修新房時，老兩口又給了一萬元。這些年來，在住房方面的支出，賬本顯示的投入是最大的。

繼續看出行方面。20 世紀 90 年代後期，劉元九他們家所在的 800 多人的村子裏，有十多戶村民家裏買了汽車。1996 年年底，他花 10,270 元買了一輛摩托車，2002 年又花 4,000 多元買了一輛三輪車，主要用來拉水和運肥料。村裏以前去平度，是山路，後來修了土路，2001 年修了柏油路，2007 年又修了一條貫通南北的水泥路，現在去平度坐公共汽車，用不到一個小時，這些事他都記在了賬本上。

最後，看看養老方面。劉元九說，現在家裏種著四畝多的葡萄，一年僅賣葡萄收入就有四萬多元，在村裏算是中等收入水平。從艱苦歲月走過來的農民，知道苦日子的辛酸，所以即使過上了好日子，也不會大手大腳隨便亂花錢。現在的老年生活中，劉元九的家庭賬本上，主要體現的支出項目是吃和養老方面。"一年 365 天，一天的生活費得 20 多元，一年下來就得七八千元，生活水平的確是提高了，我每天還喝牛奶，我和老伴的身體還好，沒啥大病，一年下來，還能攢不少錢。"劉元九說。

新中國成立 70 年來，中國的農業、農村和農民都發生了翻天覆地的變化，文章前面的集體賬本和家庭賬本，從個體的視角，完整地記錄了這個變化的過程。接下來，筆者僅從賬本所涉及的農村經濟制度出發，簡要梳理和分析"三農"變遷的過程。

# 70 年農村經濟：從生產隊到股份制

農業是國民經濟的基礎，也是社會穩定的基礎。農村經濟的
基礎是農業，其發展水平在一定程度上，是反映百姓生活質
量的"晴雨表"。70 年來，中國的農村經濟的制度模式和組
織方式都發生了巨大變化。

## ◎ 曾經的生產隊

農村的生產隊組織模式誕生於20世紀50年代末。在國營農場中，生產隊是勞動組織的基本單位。在農村，生產隊是農民集體所有制的合作經濟，實行獨立核算、自負盈虧。生產隊的土地、農具、牲畜等生產資料，歸生產隊集體所有，農民由生產隊統一調度參加農業生產活動。通過國家計劃指導，各生產隊根據本隊的實際情況因地制宜地編制生產計劃，制定增產措施和經營管理方法，並且在完成向國家交售任務的條件下，有權分配自己的產品和現金，以及按國家的政策規定，處理和出售多餘的農副產品。

人民公社化運動催生了生產隊，中國於1962年確立了"三級所有，隊為基礎"的基本制度，三級即為人民公社、生產大隊和生產隊。一般來說，每個生產隊基本集中在一個村子裏，人民公社下屬的自然村叫生產大隊，按人口多少再分為若干個生產小隊，即生產隊，一般以一、二、三的排序命名。生產隊成立初期規模為十戶左右，後隨著家庭人口變化，20世紀70年代一個生產隊平均約為20戶，再到人民公社解體前，規模演變為25至30戶，人口從幾十人到一百人。一個生產隊實際上就是一個小社會，需要有"管理層"。生產隊中，農戶為"社員"，並設有隊長、副隊長，隊長、副隊長一般由各生產隊德高望重、號召力強、對農業生產比較了解的人來擔任，還要配備有會計、出納、記工員，另外還有婦女隊長。隊長跟普通農民一樣幹活掙"工分"，並沒有工資和其他特權。到了上工的時候，隊長或是敲鐘，或是打開廣播，有的時候是隊長喊話，大家分頭去幹各自的活。

計劃生產的僵化性、對個體勞動激勵的不足以及對自然災害抵禦能力低下，導致農作物產量比較低，在那時能做到四季都吃飽飯，就是比較好的生產隊了。隊裏的糧食分配開始是按"人六勞四"分配的，所謂"人六勞四"就是把生產隊所生產的糧食在交足了國家的任務後，從剩下的糧食中拿出 60% 來按人口分，剩下的 40% 按勞力即所獲工分分配。"人六"是為了照顧老人、小孩多的家庭，而"勞四"則是為了激勵大家生產積極性，多勞多得，誰家勞力多，工分就多，所獲的也就自然會多。"工分"標準的制定各地大同小異、男女有別，"工分"報酬為兩種形式，即針對"普通農業勞動"的標準工作日報酬 12 工分和針對農忙時節或特殊勞動項目的"定額報酬"，如開挖土石方按每立方米 15 分等。具體到每個勞動者（社員）的工分檔次由生產隊負責人會議核定，對負責人會議的核定出現異議則通過生產隊組織的"社員大會"審定，不同生產隊之間存在差異。生產隊作業模式在一定程度上體現了公平與效率相結合，人多力量大，但也讓某些好逸惡勞之人不幹活混"工分"，助長了"搭便車"、"吃大鍋飯"等歪風邪氣。

## ◎ 後來的"大包乾"

從普光村的集體賬本到劉元九的家庭賬本，是因為曾經的生產隊變成了後來的"大包乾"。

20 世紀 70 年代中後期，由於長期受"左"傾思想和路線的影響和衝擊，當時的農村經濟效率十分低下，廣大農民呼喚改革的心聲越發強烈。安徽省鳳陽縣某些生產隊首先搞起了包乾到組（組是更小的生產單位），將土地、農具、耕牛和各項任務分到各作業組，年終分配時，該給國家的給國家，該留集體的留集體，剩下的歸小組分配。在生產積極性得到極大提高、產量也大幅提升的情況下，生產隊決定實行包乾到戶，"大包乾"就這樣應運而生。"大包乾"對人民公社舊體制的大膽突破，創造了有目共睹的增產效果，在上級的許可下，"大包乾"開始迅速在全省推行，並在短短三四年間普及全國。至 1986 年，全國約有 99.6% 的農戶實行以 "大包乾" 為主的聯產承包責任制。

本質上，"大包乾" 是在堅持耕地等生產資料公有制的前提下，生產隊通過合同形式把生產任務具體明確到戶。其特點是：以農民為中心，以解放生產力為出發點，將土地使用權放到農戶，實現了生產者與經營者的統一。它堅持以家庭經營為基礎，以聯產承包為核心，實行統分結合、雙層經營的管理體制，採取 "保證國家的、留夠集體的、剩下都是自己的" 這樣一種嶄新的分配方式。家庭是基本生產單位，血緣的緊密聯繫使得生產凝聚力強、自主性提高，"大包乾" 責任制讓這種古老的家庭生產和經營方式重新煥發活力。"包" 是這種模式的重點和突破點，與以往的生產隊模式不同的是，它賦予了農民較大的自主性，勞動者直接享有生產資料的使用權，個人利益同其所生產的最終產品的數量和質量直接聯繫起來，從而使得勞動者對生產經營更加積極、更有責任感。而對於統分結合、雙層經營，"分" 是指家庭分散經營，"統" 是指按照國家任務規定提留產品。農戶在完成任務後，能實現自主生產，成果自由分配。

同時，"大包乾" 的分配方式不僅兼顧了國家、集體、個

生產隊隊長在田裏安排
工作。年紀稍大的人，
對生產隊都有著深刻而
清晰的記憶

實行家庭聯產承包責任
制後，激發了農民生產
勞動的積極性

新一輪的土地制度改革
以來，農民股權合作推
動集體經濟的發展

由於農村思想觀念的轉
變，過去養兒防老、重
男輕女的觀念逐漸弱化

現代文明的不斷滲入，
生產和生活方式的改
變，讓時尚潮流也進入
了農村

熱鬧的農貿市場，是農
村經濟發展的風向標

人三者利益，更重要的是真正找到了按勞分配的實現形式，使責、權、利三者科學結合，打破了平均主義的弊端，有效地調動了廣大農民的生產積極性，生產力和生產效率得到大幅度提升。回顧來看，家庭聯產承包責任制適應當時中國處於社會主義初級階段生產力不高的國情，也符合傳統農業生產的特點。這種模式在當時契合了生產關係與生產力相適應的邏輯，從被動接受到自主決定，人內在的自由和能動性通過制度設計的優化，得到了更大程度的發揮和釋放，農村的生產力水平也得到了極大的促進和提高。

### ◎ 今天的股份制

進入 20 世紀 90 年代後，不少農村地區掀起了"開發熱"，為了處理農民農業用地轉化為非農用地的矛盾，以及進一步提高農民生產經營效益，一些地區嘗試進行以土地流轉為中心的農村股份合作制改革。以股份合作制來完善和發展家庭聯產承包制，既保證在土地流轉過程中農民可以獲益，也保證土地的規模經營和統一規劃。農村土地股份合作制，其核心是，在堅持土地集體所有的前提下，在鄉（鎮、街）、行政村、自然村的一個區域範圍，將集體全部資產作價入股，或以土地承包經營權作價或者不作價入股，把集體土地集中規劃、管理和經營，所得收益按照股份分紅。其實質是將集體資產量化到人，將土地承包經營權轉化為價值形式，通過股權實現農民對集體資產的民主管理和利益分享。以股份制的形式分紅，一方面解除了土地對農民的束縛；另一方面實現了土地的規模化、科學化利用，契合了當前農村經濟生產力的發展。

首先，農村土地股份合作制的突出表現在入股或配股資格上，具有社區性，一般為村民。其次，它可以自由入股，退社自由但不能退股。股權設置上，採用折股和募股相結合，設立個人股和集體股。個人股一般包括土地承包經營權，並且以土地承包經營權股為主體。集體股又稱為集體資產股，以資產折股或資金入股，股權由村股份合作社擁有。股權按規定一般不得對外轉讓、抵押、贈予，但在社區範圍內可以繼承。組織機構按照三權分立原則建立“股東代表大會 — 董事會 — 監事會”，但股東表決權實行一人一票制，以實現公平、公開、公正。在利益分配上，以重點保護土地承包經營權股利益和盈餘全部返還為基本原則，實行按股分配，凸顯對土地承包經營權股的保護。

　　新一輪的土地制度改革以來，很多農村紛紛從土地承包進入股權合作的時代，“資產作股權，農民當股東”。把承包權化作股權，集體土地統一運營，每年為股東帶來一定數額的分紅，保障農民權益的同時讓農村經濟的輪子轉起來，對改善農民生活、增加農民財富作用明顯。改革同時保證了集體資產的完整性，保護了現有生產力，農民對集體經濟的責任感和關注度大大提高，增強了集體經濟競爭力，促進了集體經濟發展。股份制改革有利於維護農村的社會穩定，通過明確組織成員的利益分配關係，以公平、公正的形式，保障村民個人和村集體的利益。

　　目前中國的農村土地制度改革仍在深化進行中，以不斷適應生產力的發展。著力點是強化農民集體土地所有權權能，嚴格依法保護農戶承包權，加快放活土地經營權，完善農村承包地"三權分置"的有效組織形式、經營方式和發展路徑。

　　説完了農村的土地和經濟，再來説説農村的人口和文化。賬本上能記錄的，是看得見的支出和事物；透過看得見的事和物，當然會聯想到裏面的人和生活。


# 鄉村裏的"人"和"文"

### ◎ 人口：從增多到減少

　　新中國成立以前，受到戰爭和封建勢力的剝削、迫害，再加上物資匱乏和醫療條件短缺，人口增長一直處於低水平狀態。新中國成立以後，為了緩解戰爭帶來的勞動力流失，以及為國家建設補充人員，國家鼓勵生育。從新中國成立初期到計劃生育以前的集體經濟時期，中國農村的生育率呈現持續走高的趨勢。中國自古以來就有多子多福、家大業大、人多好辦事的説法，家庭生育意願強烈，然而小農經濟條件下，撫養能力有限，這種生育需求受到限制。新中國成立後，中國各方面發展趨於穩定；到集體經濟時期，受到當時分配政策的影響，家庭成員基本生活保障轉嫁到了集體，對農村生育起到了極大的刺激作用。對於那些人口多、勞動力比率高的家庭，年終分糧多分肉多，從集體分配中佔取了較大份額，人口多帶來好處明顯也多。

　　1971 年，中國對人口生育提出"一個不少，兩個正好，三個多了"的口號，重新開始因"文化大革命"中斷多年的計劃生育工作。那時採取教育動員村民的方式，鼓勵婦女節育，在意識到人口多並不能帶來較大的經濟效益後，中國的農村生育率開始下降。20 世紀 70 年代末開始，嚴格計劃、強制執行的 "一孩" 的政策開始在城鎮實施，但在農村這種政策仍有較大的迴旋空間和靈活處理。人們開始認識到，孩子多撫養負擔重，無法實現更好的養育，多孩子反而拖累家庭，優生優育逐漸成為社會共識。

改革開放以後，隨著物質生活的逐漸富足，中國農村的人口數量整體呈現先上升後下降的趨勢。在國家計劃生育政策的驅動下，全國普遍落實少生、優生、優育。隨著生活水平和醫療條件改善，人均期望壽命越來越長，農村人口數量呈現快速上升趨勢，生育率處於低水平穩定狀態，計劃生育取得了良好的效果。隨著中國城市化進程的逐漸加快，越來越多的人進城務工、經商、上學、婚嫁，農村人口逐步向城市轉移，常住農村的人口比例逐年下降。

此外，由於農村思想觀念的轉變，過去養兒防老、重男輕女的觀念逐漸弱化，越來越多的家庭選擇只生一個，優生優育、晚婚晚育成為社會主流認知。雖然後來國家改變生育政策，放開二胎，但是由於育齡家庭工作壓力大，撫養孩子成本高，農村生育率並未得到明顯提高。毫無疑問，隨著中國產業結構的轉型升級和城鎮化的持續發展，未來農村人口數量和比例將繼續下降。

◎ 文化：從傳統到現代

講文化之前，先說說農村的文盲率。

發展教育事業、掃除文盲，提升全民族的科學文化素質，

在農村，人口密度小，
住房不成問題，雞、
鴨、鵝滿院子，但是青
壯年都跑去城市打工掙
錢了

城市不起眼的角落裏搭
著低矮的窩棚，留在城
裏的打工者，為了養家
餬口、孩子上學，寧可
蝸居在裏面

父母不在身邊的孩子們，他們期待美好的明天，為過上幸福生活奮鬥著

村裏有恬靜悠閒的幸福，是揮之不去的鄉愁記憶

一直是新中國成立以來，國家關注並集中精力解決的事情。新中國成立初期，鄉村由於物質條件、教育資源匱乏，是文盲的重災區。為了盡快掃除文盲，提升農民文化素質，中國先後採取了一系列措施，號召"有文化的都來教，沒文化的都來學"。

發展農業需要大量有知識的勞動力，而當時的農村文盲率高達 90% 以上，幾乎無法推廣農業機械化和先進的農業技術，農業生產水平提高遇到了極大的困難。為盡快提高農業生產水平，同時大力發展農村教育事業，政府安排了各類人員擔任鄉村民辦教師和掃盲教員，通過各種"識字班"，很多農民摘掉了"不識字"的帽子。

改革開放以後，國家更加注重農村掃盲和基礎教育，通過採取"一堵、二掃、三提高"教育方針，制定掃盲標準；到20世紀 80 年代，文盲率顯著降低。隨著中國教育條件的不斷提高，九年義務教育全覆蓋快速落地實施，農村兒童基礎教育普及率大幅上升，上學不僅是孩子的權利，更是政府、社會和家庭的責任。新中國成立 70 年，中國農村教育事業的發展，讓"文盲"徹底成為歷史名詞，也為農村發展提供了強大的人力資本支持。

再來看看農村文化的變化。

文化是一個民族的根、一個民族的魂。新中國成立 70 年來，鄉村傳統文化，受產業結構和城市化的衝擊和影響，從宗族文化向發展新農村文化轉變。唐代詩人白居易描繪了中國傳統鄉村社會聚族而居的景象："有財不行商，有丁不入軍，家家守村業，頭白不出門。"這種現象為宗族文化的孕育提供了溫床，修祠堂、祭祖、編族譜等都是典型的宗族文化產物。傳統宗族文化寄生於中國幾千年的農耕文明，是傳統鄉村治理的重要軟約束。

改革開放之後，社會流動有所增強，血緣關係受到一定程度的弱化，地緣關係、業緣關係有所發展，農村地區的宗族文化被不斷衝擊和淡化。傳統宗族思想一方面排外、故步自封；另一方面，它對維繫親情意識、提供歸屬感和認同感，有著不可替代的作用。現在大部分農村地區隨著現代工商文明的滲入，傳統以血緣紐帶為中心的社會網絡逐步消解，宗族文化的弱化從一個側面見證了農村文化的更替。

建設社會主義現代化新農村，就是要吸收傳統文化精髓，發展新時代農村先進文化。現代文明的不斷滲入，生產和生活方式的改變，改變著農民的思維方式，用適應現代經濟發展的理性邏輯，打破傳統文化觀念和因循守舊的保守思維，走出愛農業、懂技術、善經營的勤勞致富之路。此外，現代科學技術的普及，也讓農民的休閒娛樂方式獲得了極大的豐富，新型技術的廣泛應用也讓農業生產力大大提高，新時代社會主義文明的春風讓面朝黃土背朝天的農民，跟上了時代發展的節奏，向新型職業農民轉變。

## ◎ 鄉村振興：由物及人

農業、農村、農民問題是關係國計民生的根本性問題，處理好“三農”問題是中國改革發展的重中之重。當前隨著鄉村振興戰略的全面實施，農村發展漸入佳境，從產業興旺、生活富裕到鄉風文明、治理有效，由物及人，鄉村的變化折射出新中國 70 年的偉大發展成就。

鄉村振興最重要的還是產業，產業興旺是鄉村振興的基礎。鄉村產業將農業、農村、農民連接在一起，直接關係到農民增收、農村經濟發展。農村有產業，產業能興旺，吸引更多的人才、資金、技術進入農村，使農村充滿生機和活力。早些年，農村的第一第二產業融合多，第二產業發展快，例如農副產品加工，搞開發建工廠推進工業化。近些年來，農村一、二、三產業貫通融合發展，產業興旺出現新模式、新特徵，例如鄉村旅遊、特色產業、電子商務發展迅速。

　　特別是黨的十八大以來，農村的交通、教育、醫療、環保等基礎設施和公共服務都得到了大幅度改善，越來越多的短板被補齊，農民的收入水平和生活質量顯著提升。同時，中國大力培育新型職業農民，根據不同產業特點，開展培訓、實訓，做好入戶指導、田間諮詢、網絡交流等跟蹤服務。通過互聯網平台為農民提供銷售渠道、獲取信息渠道，為進一步實現農業和農村現代化提供基礎。

　　儘管未來生活在農村的人可能還會繼續減少，但這與鄉村的全面振興並不矛盾，振興並不意味著人多，全面振興也不等於面面俱到，而是發展更具活力，環境更加優美，鄉村更有自身特色。城鄉差別不應是生活質量的迥異，而是生活方式的差異。城裏人有城裏的快樂，鄉村人有鄉村的幸福。

　　生產發展了，生活富裕了，環境優美了，這些都是“物”的層面的變化，鄉村振興還要由物及人，從看得見的“物質”到看不見的“氣質”，都得發生變化，例如鄉風更加文明，科學更加普及，文化更加繁榮，治理更加有效。

# 電子賬冊裏的物價和養老金

刁錫永的賬本故事

# 退休老人用起電子記賬冊

## 刁錫永的賬本故事 ①

這次賬本故事的主人公是一位退休老人，他叫刁錫永。筆者通過媒體了解到他記賬的故事並聯繫他。一般人是 60 歲退休，所以退休老人也基本見證了祖國 70 年的變化。刁錫永是重慶四聯集團的一名普通退休工人，70 歲的他是祖國的同齡人，他如今和老伴、女兒、女婿一家四口住在 120 平方米的商品房中，日子過得有滋有味。

記賬過日子是中老年人的"專利"和樂趣，刁錫永一直有記賬的習慣。之前，他用紙筆斷斷續續記賬，記得不全，也沒保留下來。隨著科技的不斷發展和進步，他精打細算過日子的記賬方式也發生了"革命性"變化，他利用電腦和網絡寫電子賬本，成了名副其實的"賬客一族"。

---

① 本故事部分內容根據《中國經濟週刊》（2011 年 1 月 11 日）文章《賬本故事：中國 11 個普通家庭的"經濟史"》中的採訪紀錄整理改寫而成。

從 2008 年開始，他便用電子賬本記錄下全家人的生活開支，小到一元的小白菜、豆腐，大到 1,200 元的一件衣服，刁錫永都不厭其煩地坐在電腦前，堅持記錄下來。對他來說，有了賬本，心裏才有數，他才可以及時調整家庭開支。日後翻看賬本，也是一種回憶。

## ◎ 物價漲，開支在爬坡

"香腸肉 32.5 斤 433 元，萵筍 2 元，空心菜 3 元，蘿蔔 3 元。"這是刁錫永在 2010 年 12 月 29 日記錄下的全家當天的開支。對很多人來說，特別是在快節奏工作生活的上班族看來，記賬是一種很 "out" 的行為，他們也許會疑惑這幾塊錢有必要記下來嗎？對此，刁錫永感慨道，年輕人沒吃過苦，不知道節省，物價上漲，越來越多的人 "花錢總比賺錢快"。在沒有開源或者開源不足的前提下，節流就是最好的理財辦法，老一輩的人都知道什麼時候該花錢、錢花在了哪裏。晚清名臣曾國藩曾經留下 16 字箴言："家儉則興，人勤則健。能勤能儉，永不貧賤。"掙錢是創造財富，節儉則是累積財富。

打開 2008 至 2010 年的賬本，可以看到 2010 年 12 月的開支最大，有 7,153 元。刁錫永回憶道，因為過年要置辦 "年貨"，所以比平時買多一些東西。除了日常用品和食品，還買了全家人的衣服和鞋子，而且買的食品種類也比以前多，再加上那段時間的物價上漲比較快，開支自然就大了許多。春節是中國的傳統節日，人們辛勤工作了一年，歇息喘口氣，與子女父母團聚。對於退休的工人來說，沒有什麼事情比一大家子熱鬧團圓更幸福了，花錢也開心。

　　經濟發展越來越好，人們的收入增加了，生活支出也就跟著大起來。刁錫永說，相較以前，現在的月支出翻了一倍。"以前斷斷續續用紙筆記賬的時候，每月平均支出不到 1,500 元，現在每月幾乎達到了 3,000 元，包括全家四口人的生活用品開銷、交通費、服裝開支等。" 在老人的電子記賬本上，2008 年 8 月 13 日至 2009 年 12 月 31 日，一年零四個多月，生活開支共計 34,750 元，月平均約 2,106 元；這個費用還沒加上女兒、女婿單獨給他買生活用品、食物等的花費。2010 年全年生活開支共計 35,841 元，月均 2,986.15 元，比 2009 年每月多支出 880 元。支出的增多，一大原因就是物價明顯地上漲了。就拿老人喝了十幾年的牛奶來說，2005 年是 1.2 元一袋，現在兩元一袋。再加上現在的人需求變多，也講究生活品質，吃用都要質量好點的、品牌名氣大些的，月支出明顯水漲船高。不過，他還是覺得自己年紀大了，不大適應漲得太快的物價，希望生活必需品的價格能夠穩定一些。

## ◎ 退休金多了，生活有保障

　　中國人自古追求 "老有所依，老有所養"。有朝一日，當我們垂垂老矣，誰來為我們養老？除了自己的子女，國家便是保障退休老人生活的堅強後盾。作為一名普通的退休職工，刁錫永比較欣慰的一點是，他自己和老伴都有退休工資，通過節儉能夠攢下一些積蓄，即使遇到大病小災，兩人也有養老保險，不至於給子女 "拖後腿" 和產生太大的經濟負擔。他認

電子記賬使得賬目更加
清晰明了

2013 至 2016 年，除
了清楚地記錄了這幾年
的消費情況，醫療保險
也出現在賬目之中

| 项目 | 2013 | 2014 | 2015 | 2016 | 2017 | 2018 |
|------|------|------|------|------|------|------|
| 伙食 | 1000 | 500 | 1000 | 500 | 400 | 500 |
| 衣容 | 500 | 400 | 500 | 400 | 300 | 400 |
| 通信 | 400 | 300 | 400 | 300 | 300 | 300 |
| 住宿 | 300 | 500 | 300 | 1000 | 500 | 1000 |
| 医疗保健 | 200 | 400 | 200 | 500 | 400 | 500 |
| 交际 | 100 | 300 | 300 | 400 | 300 | 400 |
| 知识 | 500 | 100 | 100 | 100 | 100 | 500 |
| 还款 | 700 | 500 | 500 | 500 | 500 | 700 |
| 总计 | 3700 | 3000 | 3300 | 3700 | 3000 | 4300 |

| 2013 | | | | | | 收 | | 入 |
|---|---|---|---|---|---|---|---|---|
| 款项 | 1月 | 2月 | 3月 | 4月 | 5月 | 6月 | 7月 | 8月 |
| 工資 | 2000 | 2000 | 2000 | 2000 | 2000 | 2000 | 2000 | 2000 |
| 存款利息 | | 300 | | | | 400 | | 600 |
| 投資收益 | 100 | 100 | 100 | 100 | 100 | 100 | 100 | 100 |
| 社交 | | | 200 | | 100 | | | |
| 福利 | 20 | 20 | 20 | 20 | 20 | | 20 | 20 |
| 其它 | | | | | | | | |
| 总和 | 2120 | 2420 | 2320 | 2120 | 2220 | 2520 | 2120 | 2720 |
| 结余 | 2001 | 2180 | 1960 | 1640 | 1620 | 1800 | 1280 | 1760 |

隨著國家經濟形勢的發展，如何理財，也成為普通老百姓經常關注的問題

為，人老了，自己的健康才是對子女最好的饋贈。

　　刁錫永回憶道，2003 年他因為企業改制而提前退休，當時每個月的退休養老金只有四百元多一點。這些年，國家一直在進行退休養老金改革，退休金一直在漲，到 2010 年有 2,000 多元，這些退休金是刁錫永生活收入的主要來源之一。而且，以前是企業給生活費，企業退休人員領退休養老金是一件非常繁瑣複雜的事情，現在直接從社保部門領，方便了許多，生活也是輕鬆不少。刁錫永的老伴退休前跟他在一個工廠上班，2010 年每月退休養老金 1,400 元，兩個人加起來，有四千元左右。刁錫永笑著說：“這些錢在重慶也過得去，國家給我們退休工人漲工資，說明是記著我們咧，心頭真是暖暖的，日子也越過越有盼頭。”

## ◎ 養老政策，讓老百姓的老年生活有了"保護傘"

對於記賬的人來說，賬本裏記的不僅僅是"賬"，更是一個普通家庭的喜怒哀樂、生活百味。賬本是一個家庭經濟生活的存根：有柴米油鹽，有吃喝玩樂，有買房看病，有子女教育，有父母養老。賬本是一個時代經濟發展的注腳：有 CPI 漲落，有房市調控，有收入分配改革，有貨幣政策的鬆與緊。中國經濟的每一次風雲變幻，在每一個家庭賬本上，幾乎都能找到大大小小的喜怒哀樂。

從刁錫永的生活賬本，可以窺見家庭生活的酸甜苦辣及其背後的中國經濟的風雲變幻。隨著中國經濟的持續發展，老百姓的錢袋子鼓起來了，消費支出也變多了，然而不可忽視的是物價上漲這一因素。"民以食為天"，物價的變化特別是食物等生活必需品的價格上漲也會決定老百姓錢袋子的"身材"。人人都會老，養老問題自古以來是人們關心的重點之一，中國社會保障制度的不斷完善，為老百姓提供了規避風險的"保護傘"，很大程度上保障了老人的退休生活。

與刁錫永老人的感慨類似，我們看任何老賬本記錄的支出，都會有"買東西貴了，價格漲了"的感歎。人人都會老，對大多數人來說，老了，不工作了，退休了，往往意味著工資收入減少甚至完全沒有，養老金就是退休人員維持生活的主要來源。接下來，從刁錫永老人電子記賬本裏提到的物價和養老金出發，我們著重分析下物價的漲跌和養老金的那些事兒。

## 物價的漲與跌，是賬本裏永恆的主題

刁錫永老人感歎的物價漲跌，有何指標？關於物價有個公認的指標 —— CPI。CPI 是居民消費價格指數（Consumer Price Index）的簡稱，它是一個反映居民家庭一般所購買的消費品和服務項目價格水平變動情況的宏觀經濟指標。通俗來說，它就是衡量物價水平高低的指標。

通過 CPI，可以度量是否存在通貨膨脹（或通貨緊縮）現象。通貨膨脹是指物價水平普遍而持續地上升，CPI 的高低可以在一定程度上說明通貨膨脹的嚴重程度。我們日常所說通貨膨脹了，意思是東西普遍都變貴了，翻譯成統計學的說法就是物價指數上漲。它也可以反映貨幣購買力的變動，顧名思義，就是現在跟以前相比，同樣數額的貨幣到底能買多少東西。在正常情況下，CPI 水平應該在一定的範圍內波動，避免過度上漲或下跌，即社會經濟應處於健康穩定的發展狀態。

## ◎ 物價的變化，有漲也有跌

對於普通老百姓而言，物價是每天都關注的大問題。小到柴米油鹽，大到買房買車，價格的上下浮動都能牽動大家的心，因為這關係著百姓的生活質量。物價上漲是經濟發展的常態，老百姓給一些過快上漲的物品起了啼笑皆非的名字 ——"豆你玩"（大豆）、"薑你軍"（生薑）、"蒜你狠"（大蒜）、"糖高宗"（砂糖）、"棉裏針"（棉花）、"蘋什麼"（蘋果）。漲價，讓我們錢袋子的購買力越來越低；漲價，讓我們越發感受到通脹的威力和壓力。

但有些東西，價格可是一"跌"再"跌"，例如手機，現在的手機，相比以前，不僅便宜了，而且性能提高了不知多少倍，例如電視機、汽車、電腦……這些我們天天用的東西，相比以前，便宜了很多。所以，並不都是"漲價"，我們還得分開看。

"民以食為天"，相比於其他物類，柴米油鹽、衣食住行等生活必需品的價格變化，更能讓人們直觀地感受到物價的變動。根據國家統計局的數據顯示，2006 年至 2012 年，食品類居民消費價格指數變動呈現 "W" 形，但總體而言，上下浮動趨勢不大。食品類消費品，是維持基本生活所必需的。一般來說，國家會主動調控其價格走勢，調控方式包括最低收購價制度、儲備制度和價格管制等措施，以保證價格水平的穩定。但是，為何老百姓還是感覺食品物價上漲厲害呢？

首先，氣候是影響供求關係變動的一個客觀因素，農作物的生產和供應受天氣和氣候影響極大，物以稀為貴，市場供給少了，價格自然往上漲。其次，老百姓的感受偏差是主觀因素所在。比如大蒜價格暴漲，老百姓感受特別深，但老百姓可能只感受到大蒜價格漲很多，而忽略了豬肉價格低於往年同期，且其他蔬菜也沒像大蒜價格那樣瘋漲。另外，商品漲價的時間對物價指數的影響也特別大。月初漲價和中旬、下旬漲價對指數的影響是不一樣的，通常月末漲價對當月的 CPI 影響是不大的，老百姓有時候只看到月末漲價了，卻沒有看到當月大多數時間價格沒有變化，因而出現 CPI 和老百姓的感受存在偏差的現象。

當然，無可置疑的是，隨著人們生活質量的提高和勞動人口的相對稀缺，服務產品等改善型消費產品的價格確實發生了不小的變動。人們的收入水平提高，從關注物質需求到精神需求，改善型消費市場日益擴大。以服務業為例，改革開放前，吃飽穿暖是人們追求的目標，"下館子" 是一件奢侈的事情。而隨著生活水平的提高，人們越來越願意，也越來越有條件外出就餐，餐廳裏的人工費、加工費等服務價格日益上漲。這種服務價格上漲，勞動力成本的升高是主要原因。因此，要維持餐廳的正常運營，經營者只能提高菜品價格。另外，房租的影響也很大，房價漲了，房租高了，這些成本最後都要落到菜品上，菜品價格自然會上漲。從某個角度來看，服務產品等改善型消費產品價格的上升，是老百姓生活質量提高的表現。理髮服務、維修服務、家政服務、健身陪練的人工成本高了，這些服務的價格自然會提升，改善型、精神層面的需求增多，"享受生活"不再是一句空話。

　　需要特別注意的是（也是很容易被忽略的），科技在進步，生產效率不斷提高，很多工業製成品的價格其實在不斷降低。工業製成品改善了人們的工作和生活，它價格低了，性能卻提高了。從"三大件"到家中隨處可見的電子產品、家居用品，人們的生活品質得到大幅度提升，購買所花費的錢卻越來越少。

　　以手機為例，2000 年的時候，要想購買一部手機，得節衣縮食甚至花費小半個月的工資，而且手機功能有限，也就只能通話、發短信。不過短短十多年，同樣是一千多甚至是幾百塊錢，我們就能買到功能齊全、品種繁多的智能手機，不僅能通話和接發短信，還可以拍照、錄像、辦公等，目前大多數手機的性能並不遜於五年前的電腦。還有能烘乾能消毒的洗衣機，能當電腦、播放高清視頻的電視機，四輪驅動、配備智能系統的汽車，等等，這些人們日常使用的工業品，價格都下降了。原因就在於技術的進步，以及生產效率的提高。工業製成品的物價指數呈現下降的趨勢，市場大了，選擇多了，質量好了，各類低價、高質量、功能強大的工業製成品，讓人們的生活越來越便利和智能化。


◎ 誰在驅動物價？

　　對大多數人來說，市場的風雲變幻，給物價的變動蒙上了一層神秘的"面紗"。除了供需關係的變動會導致價格變化外，人們不禁疑惑，還有什麼"看不見的手"和"看得見的手"在操縱著物價水平的沉浮呢？一般來說，除供需關係外，物價的

生活水平不斷提高，飯店裏座無虛席

飯店所支出的人力成本的漲幅要遠遠高於食材價格的漲幅

臨近過年，老百姓紛紛採購年貨，滿滿的年貨，不再是"不足而囤積"，而是習慣和文化氛圍使然

變動還主要有以下幾個原因：

（1）貨幣供應量多了導致物價上漲。貨幣供給太多是物價上漲的重要原因。市場上的錢多了，東西還是那麼多，那麼物價自然會上漲。例如，2008 年全球金融危機爆發之後，主要經濟體相繼採用了寬鬆的貨幣政策，以達到刺激經濟復甦的目的，這必然會帶動物價特別是大宗商品、貴金屬和不動產價格的上漲。但這畢竟是推動經濟快速復甦的手段和工具，也是為了抑制通貨緊縮、經濟蕭條帶來的需求不足。類似給一個生病的人治病，病情發展到這種狀態，必須得用藥，但"是藥三分毒"，為了治好病，病人只能暫時忍受藥物的副作用。

（2）勞動成本上升推動物價上漲。勞動成本上升是推動物價上升的另一個重要因素。隨著那些生於 50 至 70 年代，吃苦耐勞，拿低廉工資而毫無怨言的打工人群年齡增大，90 後、00後的新生代務工人員逐漸成為勞動力主體，他們思想比較開放，工作觀和消費觀與父輩不同，不願接受那些枯燥、重複、"髒、重、差"的工作，喜歡消費且不愛儲蓄，嚮往新潮和自由的工作、生活方式。更為關鍵的是，當前中國勞動供給整體不足，高技術工人稀缺，普通工人也稀缺。這種情況會推升勞動力成本，引起物價特別是服務型產品價格的上升。不過，也要客觀來看這個原因。因為任何國家或經濟體，在經濟發展過程中，伴隨著勞動力的稀缺，勞動成本和勞動報酬都會大幅提升，這一方面抬升了物價，另一方面也提高了中低技能勞動者的收入。

（3）財政支出擴張拉動物價上漲。財政是政府調控宏觀經濟的手段之一，當市場消費萎靡或者經濟發展狀況較差時，政府通常都會採取擴張的財政政策刺激消費需求，其中常用的調節方式便是擴大政府財政支出，增加政府購買，擴大基礎設施建設，以此增加市場對消費的需求，從而刺激經濟增長。受市場需求的拉動，一些大宗產品供不應求，價格上漲。因此，政府增加財政支出，在促進經濟增長的同時，也使得物價水平有所提高。

## ◎ 物價政策及其改革

較為穩定的物價水平，是保證人們正常生活不可或缺的關鍵因素。面對複雜多變的經濟形勢，中國逐漸讓市場供需決定更多物價的同時，也審時度勢地採取了一系列財政政策和貨幣政策來保證經濟的平穩運行，將物價波動維持在正常幅度。時間節點上，大致可以分為以下幾個階段：

（1）1994 至 1997 年：適度從緊的財政政策和貨幣政策。1992 年，鄧小平南方談話和黨的十四大的召開，開啟中國市場經濟體制機制改革的新局面。由於之前實行計劃經濟，國家基礎建設投資力度過大、片面追求速度，導致貨幣超發，居民消費價格指數上漲到 1994 年第四季度的 26.9%，出現經濟過熱現象。為治理經濟過熱，降低過高的物價，1994 年中央經濟工作會議第一次提出實行“適度從緊的貨幣政策”，強化了增值稅、消費稅的調控作用，合理壓縮財政支出，並通過發行國債，引導社會資金流向，嚴格控制信貸規模，使宏觀經濟在快車道上穩剎車，並最終順利實現了“軟著陸”，既大幅度地降低了物價漲幅，又保持了經濟的適度快速增長。

（2）1998 至 2003 年：積極的財政政策與穩健的貨幣政策。1997 年下半年東南亞爆發了金融危機，嚴重影響中國國民經濟，為抵禦亞洲金融危機衝擊以及解決國內有效需求不足的問題、緩解通貨緊縮，從 1998 年起，中國實行近六年的積極財政政策以刺激投資、拉動內需；而穩健的貨幣政策著力於防範金融風險，並與財政政策相配合。具體措施有：取消貸款限額控制，大力發行國債，大規模投入基礎設施建設等。

（3）2004 至 2007 年：“雙穩健”的財政政策和貨幣政策。2004 年初，由於之前的投資膨脹導致通貨膨脹，經濟壓力逐漸加大，價格上漲超出預期。為了維持穩定的物價水平，降低通貨膨脹，2004 年年底的中央經濟工作會議作出了財政政策轉型的決定，由宏觀調控過渡到“雙穩健”模式，通過減少政府赤字、控制投資等的方式使物價回落到正常水平。

（4）2007 年：“雙防”政策。由於中國經濟運行過快，物價開始逐月攀升。在此形勢下，2007 年 12 月初召開的中央經濟工作會議提出了“雙防”政策，即要把防止經濟增長由偏快轉為過熱、防止價格由結構性上漲演變為明顯通貨膨脹作為宏觀調控的首要任務。與此對應，中國繼續實行穩健的財政政策，而穩健的貨幣政策則轉向較為嚴厲的從緊的貨幣政策。

（5）2008 至 2009 年：“保增長”政策。2008 年，世界性的金融危機爆發。為應對國際金融危機衝擊，緩解經濟下滑趨勢，宏觀調控側重點轉向“保增長”。宏觀調控政策轉換為積極的財政政策和適度寬鬆的貨幣政策，物價保持較低水平。

（6）2010 至 2012 年：穩定價格水平成為突出重點。2010 年物價開始逐月攀升，連續破 3、破 4、破 5，到 2011 年第三季度攀升至 6.27% 的歷史新高。面對不斷升高的通貨膨脹壓力，2010 年 12 月中央提出“把穩定價格總水平放在更加突出的位置”，開始實施積極的財政政策和穩健的貨幣政策，使得物價漲幅減緩。

# 老了，如何有所依？

作為一名普普通通的退休老人，刁錫永的退休生活是平實、簡單又幸福的。這樣的生活與他們夫妻的退休工資、與中國的養老制度和政策密不可分。接下來我們透過"養老金"這個關鍵詞，看看中國養老制度及其改革的歷史軌跡。

## ◎ 養老金的時代變化

社會保障在經濟社會發展過程中，充當著"減壓閥"和"潤滑劑"的作用。它是政府保證和改善老百姓基本生活、促進社會和諧穩定發展的重要手段。其中，養老金，毫無疑問是社會保障中至關重要的一環。一個國家的發展，必然體現在養老金制度的完善。

中國老年人口越來越多，進一步完善養老金制度，對於老有所養、老有所依無疑具有重要作用。

改革開放以前，中國物質匱乏，國家養老"有心無力"，對於大部分人來說，基本上還是要靠子女來解決老人的贍養問題。這也就造成了老人怕生病，生病也是咬咬牙扛過去的現象。

改革開放以來，隨著經濟的發展，國家越來越重視養老這一民生問題。經過多次改革，養老制度實現了從無到有、再到日趨完善的重大轉變。老百姓的養老金愈發豐厚，基本生活獲得更大程度上的保障，大多數人對年老後的生活有了更美好的預期，生活心態也多了些穩定，少了些擔心。從20世紀90年代初到2012年左右，中國養老金制度呈現以下特點：

（1）養老金的總體水平不斷提高。中國的養老保險制度制定以來，尤其是進入到21世紀之後，養老金水平得到明顯提高。其中，對企業退休職工來説，2005年到2007年，國家連續三年提高企業退休人員基本養老金，企業退休人員的月人均養老金從714元提高到963元。根據國務院常務會議部署，從2008年起，企業退休人員養老金連漲三年。勞動保障部表示，全國企業退休人員養老金平均水平超過每人每月1,200元。2010年，企業退休人員養老金水平提高幅度按2009年月人均基本養老金的10%左右確定，全國月人均增加120元左右。從刁錫永的賬本來看，中國已連續六年較大幅度調高企業退休人員基本養老金水平。

（2）覆蓋範圍逐漸加大。在計劃經濟時期，養老金是城鎮居民的“特權”，經過數十年的改革，一個覆蓋全民的養老保險體系已經基本建立。目前，中國的城鄉居民基本養老保險制度參保人數大幅度提高，覆蓋廣大農村的養老金制度不斷健全，確保大部分年滿60歲的城鄉老年人都能夠領取一定金額的養老金。國家統計局的統計資料顯示，1993年共有7,336萬職工參加社會統籌，而到2012年參保職工高達1.75億，更多的老百姓獲得保障，國家儘可能地減少了他們的後顧之憂。

（3）養老金制度保障和個人自由。對於養老保險制度的產生，保守的人認為國家強制繳費，侵犯了人的自由。中國的實踐證明，這種觀點是極其狹隘的。改革開放前的養老制度不夠完善，養老保險也並沒有覆蓋全體社會成員，在這種體制下，人的經濟自由權利是以喪失養老金權益為代價的。實行養老金制度改革後，養老保險可實現跨區轉移，流動並不會損害人們的養老金權益，個人工作自由的權益得到真正的保障。

## ◎ 養老金政策及其改革

改革開放以來，中國的養老金制度經過多次變革和完善，養老金福利惠及越來越多的普通老百姓。1991 年，中國頒佈《國務院關於企業職工養老保險制度改革的決定》，其規定，隨著經濟的發展，要逐步建立起基本養老保險與企業補充養老保險和職工個人儲蓄性養老保險相結合的制度，即，養老保障由國家、企業、個人三方共同承擔，並且進行以社會統籌為主、個人賬戶相結合的改革試點，保障退休職工的養老福利。

1997 年，《國務院關於建立統一的企業職工基本養老保險制度的決定》的頒佈，更進一步明確：各級政府部門要更加重視社會保險，養老保險要保障退休人員基本生活，要充分考慮到地區差異、按勞分配、企業效益等因素，發展企業補充養老保險和商業保險，以不斷改善退休老人的生活質量。至此，"統賬結合"的城鎮職工基本養老保險制度在全國範圍內實施。

2000 年國務院頒佈《關於完善城鎮社會保障體系的試點方案》，中國養老保險制度邁入個人賬戶試點階段，改革基本養老保險個人賬戶，改善基本養老金計發方法，並進一步推進養老保險的規範化、信息化，中國養老金制度改革取得明顯成效。

2009 年，國務院開展新型農村社會養老保險試點，它是以保障農村居民年老時的基本生活為目的，由政府組織實施

養老不光是家庭問題，
更是社會問題

養老政策，讓老百姓的
晚年生活有了“保護傘”

的一項社會養老保險制度，是國家社會保險體系的重要組成部分。"新農保"最大的特點是採取個人繳費、集體補助和政府補貼相結合的模式，有三個籌資渠道。它的基本原則是"保基本、廣覆蓋、有彈性、可持續"。目前"新農保"已經全面鋪開。

## ◎ 養老制度改革的軌跡及特徵

中國的養老金制度改革是在改革開放的宏觀背景下展開的，是中國經濟從傳統的計劃經濟向中國特色社會主義市場經濟轉型的重要組成部分。改革開放前的養老保險制度，是模仿蘇聯模式建立的、現收現付和企業統籌的養老制度，這種國家統包的"大鍋飯"制度存在許多缺陷和不足。首先便是企業的負擔過重，影響國企的改革與發展。其次便是企業退休職工逐年增加和企業負擔費用不平衡的矛盾，這使得社會資源無法實現最優配置。

20世紀90年代以來，伴隨著社會主義市場經濟體制的建立與完善，企業逐漸成為獨立的市場主體。勞動者與企業的關係由計劃經濟時期複雜的社會關係轉變為單純的僱傭關係，勞動者退休後，企業並沒有義務為之養老。在這樣的背景下，一個獨立於企事業單位之外、社會化運行的養老保險制度便應運而生。結合中國的國情，經過不斷的探索，中國的基本養老制度模式發生了根本性變化，從以社會或企業為核心過渡到"統賬結合"。社會統籌與個人賬戶相結合的養老制度，具有以下幾個特徵：

（1）權利與義務相對應。勞動者只有參加養老保險，並且按時繳納養老保險費滿15年，才可以長期按月領取基本養老金。與過去採取的計算工齡的方法相比，個人賬戶制度可以更加準確地衡量勞動者的勞動時間和勞動貢獻，更加公平、高效。

（2）激勵勞動者的生產積極性，體現了激勵性與再分配關係的平衡。職工統一計發養老金，這種計發辦法與個人的繳費水平、繳費年限均無關係，幾乎可以被視為一種均等化的養老金，再分配性強，但勞動激勵性很差。而"個人賬戶"制度的引入，在保留社會平均工資的同時，又通過引入個人指數化繳費，將基礎養老金水平與繳費基數相掛鈎，考慮了個人勞動的差異性，實現了效率與公平的有機統一。

（3）國家責任與自我保障相結合。由國家負責組織社會保險，並且支付退休人員的"基礎養老金"，若發生退休者個人賬戶餘額不足以支付社會保險金時，由國家負責繼續按照原來的標準支付，體現了國家的責任擔當。但是，勞動者在未退休時要連續15年交養老保險，而且退休後領取的退休金的數額，很大程度上取決於個人賬戶金額的多少。

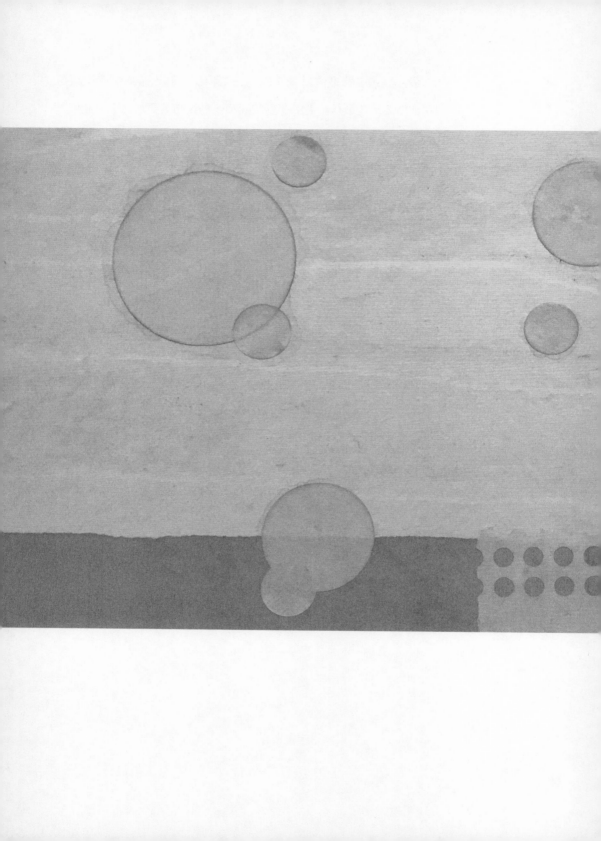

# 賬本裏六十多年的「變」與「不變」

——董家三代人的賬本故事

# 穿越 60 年的賬本記憶[①]

"只要我能夠記，我還要記下去。"董萬春的這句話，老伴張春暉銘記一生，夫婦倆堅持記賬 60 多年從未間斷，勤儉的好家風世代相傳。

在浙江麗水，有這麼一戶董姓人家，兩代人堅持用 57 本賬本記錄下 60 多年的生活點滴。60 多年，足以讓一個人從咿呀學語到白髮蒼蒼，也足以讓一個國家從百廢待興到繁榮昌盛。當我們翻開這一頁頁泛黃的賬本，傾聽他們講述其中的平凡往事，似乎沉浸於 60 多年來家庭傳承、家鄉發展、國家興旺的歷史故事中，感悟著一串串數字背後的時代變遷。

---

① 本故事部分內容根據安徽衛視《家風中華》（2017 年 11 月 28 日）中的採訪記錄整理改寫而成。

## ◎ 精打細算的艱苦歲月

　　1953 年的冬天，董萬春與比他小七歲的張春暉結婚，一起住進了只有七八個平方米的公租房。婚後的他們，需要照顧幾個孩子和雙方家庭，開支越來越多，生活過得反而比婚前更拮据了。"不精打細算沒法過日子"，當年正是懷揣著這個簡單的初衷，董萬春夫婦倆堅持把每筆收入、支出都記下來，這一記就是 60 多年……

　　一本本略顯破舊的賬本，張春暉視若珍寶，至今對每一筆收支仍記憶猶新。將近 90 歲高齡的她回憶道，當年他們是比較少見的雙職工家庭，1957 年夫婦倆每月工資收入 95.5 元，這也是賬本上記錄的第一筆收入。單從數字上看，這可以說是一筆非常可觀的家庭收入，哪怕對於雙職工家庭，也是相對比較高的。

　　這個家庭的收入至改革開放前期，還是相對穩定的，並沒有發生太大的變化。直至 90 年代後，中國經濟迅猛發展，老百姓的工資才慢慢往上漲。而到了 2012 年，夫婦倆每月幾千元的退休金比 1979 年的工資翻了 95 倍。張春暉不禁感歎道，今天的生活好多了，退休金也花不完了。

　　說到這裏，可能許多人會感到疑惑，這麼高的收入，又怎麼能說是生活困難呢？單看收入情況，董萬春夫婦的確不算差的，甚至比許多家庭還要好很多。然而，夫婦倆也承擔著較重的生活負擔。

　　他們的女兒董淑萍回憶，當時機關裏不允許帶孩子上班，在商業局工作的父親董萬春需要經常下鄉送商品，一去可

1957年董氏夫婦的第一本賬本，雙職工家庭這樣的收入，在當時算是較高的

泛黃的賬本，精打細算的開支，述說著當年生活的不易

董萬春獲得"共和國記賬第一人"殊榮

能就是一兩天；母親張春暉是跑供銷的，常年在外面跑，根本沒有辦法照顧他們兄弟姐妹四人。當年大多數的家庭，都是父親在外工作，母親在家照料孩子，而他們家則需要請保姆照料，孩子們都是"吃奶媽的奶長大的"。

更艱難的是，董氏夫婦在雙方家庭中都是老大，除了需要贍養年邁的父母，雙方父母在當時都沒有工作，他們還需要幫助父母養育幼小的弟妹，雙方家庭的開銷幫補、供書教學等，這一筆筆支出，慢慢加重了這個看似高收入家庭的負擔。董氏夫婦不禁意識到，這樣的開支狀況，不計劃實在不行，萬一父母或孩子們有什麼病痛不適，萬一家裏有哪些急需用錢的地方，該怎麼辦呢。

房租 2.2 元、30 斤大米 4.08 元、紅糖 1.4 元、12 尺布 6.12 元、魚 0.22 元、肉 0.8 元，還有保姆費、交通費、搭伙費……泛黃的賬本，清晰地記錄著當年的每一筆支出，柴米油鹽的平淡生活中有喜有樂，酸甜苦辣的平凡記憶中有情有愛。在有限的可支配收入中，董氏夫婦倆對雙方父母、養育孩子卻從未吝嗇，哪怕自己少用一些，孩子、老人需要的開支，卻一定會盡己所能地承擔起來。

董萬春是一個非常節儉的人，與大多數人記賬的初衷一樣，他堅持記賬的目的很簡單，並不是為了創造什麼紀錄，也未曾想過能給社會給他人樹立什麼榜樣，只是為了能更有計劃地用錢，能夠把有限的收入用在必須用到的地方，能夠省下錢以備不時之需。因此，哪怕小至小孩子買一元零食的開銷，董萬春夫婦都需要通過計算看能不能開支，絕不能因為一時任性而產生不必要的支出，做好預算和計劃讓這個家庭度過了那些艱難的歲月。

董淑萍回憶道，家裏的第一張沙發，是父親自己親手做的，父親記賬真的就是為了節儉，他也身體力行地做到了。在董氏夫婦的賬本中可以看到，11.99 元的一副眼鏡、9.63 元的一套日光燈、小孩子買兩分錢的橡皮、按市場價折算後的自家種的蔬菜、孩子賣橘子皮所得，家裏大大小小的開支，都會毫不含糊地記錄在內。每個月、每一年都會做總結，看看這個月、這一年的主要開銷在哪裏，有哪些不必要的支出，等等。

有人可能會打趣地質疑，他們其中是否會有一方留私房錢或沒有將全部支出記錄在內？董淑萍回答道，記賬是需要夫妻間的互相信任和理解的，如果一方藏私房錢，另一方也藏私房錢，這個記賬也就沒有任何意義了。誠然，既然結合成為一個家庭，夫妻間就應該多溝通和互相信任，如果有想買的物件、需要的開銷，做好預算計劃、記錄下來即可，如此，賬本才有其存在的意義。

### ◎ 一台電視機的幸福

1979 年的賬本上清晰地記載著一筆大支出 —— 九吋黑白電視機，207 元，相當於夫婦倆當時一年收入的 15%。這是董萬春一家的第一台電視機。當時的電視機還是非常少見的 “奢侈品”，這也是宿舍樓內的第一台電視機，引來了鄰里們的好奇和羨慕。董氏夫婦為人和善，歡迎鄰居們到家中共同觀看電視，後來還因為來的人太多、家裏地方有限，夫婦倆將電視機放到外面，讓更多的人一起觀看，其樂融融。這一台九吋黑白電視機，為董萬春一家帶來了滿滿的幸福感。

後來，在 2014 年的賬本上，董家更換了一台 47 吋彩色電視機，花費 3,500 元，這僅僅是夫婦倆一個月退休金的一半左右。從憑票購買電視機的年代到有著琳琅滿目商品的今天，電視機也似乎從令人豔羨的奢侈品變成了每家每戶的必需品，如今，擁有一台電視機已非難事，人們或許很難想像在改革開放初期，一台電視機給一個家庭帶來的喜悅和興奮。

或許是父母的言傳身教，又或許是翻閱賬本帶來的無盡感慨，董家後人深知今天的幸福生活來之不易，這是時代發展的結果，也是董萬春夫婦兢兢業業、勤儉持家的碩果。無論是當年的九吋黑白電視機，還是今天的 47 吋彩色電視機，董家人深知，只要一家人在一起，就是幸福。

食品支出佔家庭總支出的比重，即今天我們常說的恩格爾係數，它往往能反映一個家庭的生活水平乃至一個國家社會的發展水平。董淑萍回憶道，1957 年家中有 75% 左右的支出用於食品消費，當年所有物資都是憑票供應的，豬肉六毛錢一斤，可選擇的種類也很少。1979 年，大約是 60%；到 2010 年，這個比重已經下降到 15% 以下，菜場、超市、商場中盡是各色各樣的食品商品，更有來自澳大利亞、韓國、美國、英國等地的進口食品，選擇多樣、物美價廉，"吃得飽" 不再是困擾董家的難事。

小賬本中有大變化，翻看一頁頁泛黃的紙張，我們似乎坐上了時光的穿梭機，感受著經濟發展、科技發達、社會繁榮

1979 年董家賬本上記載著電視機的支出，這在當時是一筆很大的支出

董氏三代人讓記賬成為了一種習慣，讓節儉成為生活的美德

賬本是家庭經濟生活的存根，不論是何種形式的賬本，大多都是因"精打細算"而生

所帶來的巨大變化。前面提到 1957 年董萬春夫婦倆每月工資 95.5 元，1979 年 115 元，後來經濟騰飛，2012 年夫婦倆每月的離退休金比 1957 年翻了 95 倍。1994 年，在董家賬本上記錄下一筆借款 4,150 元，當年夫婦倆享受到了房改政策，買了一套 87 平方米的房子。2000 年，董家賬本上首次出現旅遊支出 10,089 元。2011 年，夫婦倆在麗水市區購買了一套 108 平方米的老年公寓，花費 53.5 萬元……生活用品、消費種類的升級換代也揭示著時代的發展變遷，這一頁頁滿當當的紙張中記錄的不僅僅是簡單的數字流水賬，更多的是承載在數字背後的家庭回憶和溫馨年華。

一年又一年，從董家的賬本中彷彿可以看到，春節往往帶給我們的是不一樣的記憶。在計劃經濟的年代，孩子們過年能穿上一件新衣服、吃上一塊糖果，已經是最開心的事情，當年的春節賬本中記錄著各類吃穿所用的年貨。然而到了今天，董家的春節支出項目似乎變得越來越雜，準備年夜飯、回家車票或機票、旅行度假，等等。人們過年的形式變得越來越豐富多彩，年夜飯上的菜餚變得越來越豐盛，在這些變遷的背後，唯一不變的是濃濃的親情，以及對團圓美滿生活的希冀和對美好生活的嚮往。

## ◎ 當記賬成為一種習慣

董萬春從 1957 年開始記賬，記賬時間早、堅持時間長、記錄賬目細，這位"共和國記賬第一人"默默地給我們留下了珍貴的歷史記錄。從"不精打細算沒法過日子"到富裕充足的改革開放新時期，董萬春夫婦倆一直堅持著記賬的習慣。2014年董萬春去世後，老伴張春暉依然堅持每天記賬。記賬，成為了董氏夫婦終生堅守的習慣。

記賬的背後，是勤儉節約的良好家風。董萬春夫婦言傳身教，讓後輩們懂得金錢來之不易，不該花的絕對不能花，哪怕後來家裏條件變好了、物質生活豐富了，他們還是秉持初心、奉行節儉。當董淑萍還在上幼兒園的時候，曾央求爸爸媽媽買一塊糖，董萬春耐心教育說，這筆錢並不在家裏的開支範圍內，哪怕別的小朋友都有，我們也要通過計算、規劃看能不能開支。這樣積少成多，才能把錢省下來，以後花在真正需要花費的地方上。董淑萍自此漸漸懂得父母記賬的原因，也慢慢意識到做好預算、厲行節儉的意義所在。

1973 年，董淑萍下鄉當知青，當時每個月有五塊錢的補貼。深受父母教育的影響，她開始慢慢記賬。國家補貼、勞動所得、油鹽醬醋、牙膏牙刷、洗漱毛巾……一筆筆收入和支出被記錄進董淑萍的賬本中，就這樣，改革開放、新世紀以後，她至今仍每天堅持記賬。

"為什麼記賬能省出錢來？"董淑萍回憶道，當年曾央求母親買一台縫紉機，當時需要一百多元，這在當時是一筆不小的支出。為了滿足孩子的心願，以及考慮到家裏的確需要一台縫紉機，董萬春夫婦每天從日常開支上一點點地"摳"，能吃便宜的就吃便宜的，能不買新衣服就不買，他們終於用一年的時間把這筆錢節省了下來，董淑萍如願以償。後來，她用這台縫紉機為父母、兄弟姐妹做衣服，乃至床單床被，如此，可以說是真正把錢省下來了。

2001 年，董淑萍的女兒王冬蓓上大學，每個月生活費 800
元。"要學會節儉，不能亂花錢。"王冬蓓時刻不忘母親的教
導與囑咐。為了能更好地安排生活開銷，清晰知道每一筆錢的
去向，王冬蓓也開始了記賬。2003 年，王冬蓓的生活費上調至
1,000 元，通過每月節省開支、提前做好預算，她很快買上了
一部自己希冀已久的手機。漸漸地，王冬蓓也養成了記賬的習
慣。後來手機記賬軟件興起，通過支付寶、微信等方式記賬，
方便快捷，受到不少人特別是年輕人的歡迎與喜愛。在日新月
異的時代中，傳統的記賬方式或許會被許多年輕人認為是"落
伍"的，但唯一不變的，是堅持記賬背後的初心——為了記錄
那些年的珍貴記憶，為了迎接更美好的未來。

　　日益富裕美好的生活，並不是無本之源，既要開源，也
要節流。從擔憂柴米油鹽的艱苦生活到富足幸福的小康之家，
其背後是董萬春一家的謹行儉用、克勤克儉。簡單平凡的記賬
已經成為他們生活的一種習慣。每一筆所得、每一筆支出，都
有清晰、具體的記錄。如果需要添置什麼物件、有什麼大筆支
出，例如房屋、電視機、手錶、手機等，需要提前做好規劃，
一點一滴地節省下來，如此所得也才會倍感珍貴。

　　或許對董氏一家而言，記賬除了是勤儉節約的家風傳承
外，更重要的是，滿當當的紙張、冷冰冰的數字蘊含著彌足
珍貴的回憶。"當想念我父親的時候，我就想去看一看那些賬
本。"當董淑萍翻開這些珍貴的老賬本時，她彷彿看到父親坐
在燈前記賬的情形，也不禁想起父親過往的那些教誨。賬本的
背後，是一個人的成長，是一個家庭的回憶，更是一個國家的
發展、社會的變遷。

# 60 年：收入在變，支出在變，生活在變

新中國成立 70 年來，大多數家庭跟董家一樣：收入在不斷增加，支出在不斷增加，日子越過越富足，生活越來越好。這個變化，不僅體現在國家統計局繁瑣冰冷的數據中，更體現在我們每個人的經歷和體驗中。接下來，我們從董家賬本中的大小事引申出來，來談談這幾十年的變化。

## ◎ 先看收入

　　與董家的情況類似，新中國成立以來，中國人的生活得到了穩步而持續的改善，一個最直觀的表現就是，老百姓的收入在不斷提高。這個過程大致可以分為兩個階段：1978 年改革開放之前，計劃經濟時期，人們的收入相對穩定，變化不大，那時候大多數衣食住行用的價格也基本保持穩定，大家的生活水平雖有提高，但變化較慢，幅度也不大。大多數年份，人們的溫飽是沒問題的，但說不上寬裕，肉類和蛋白質的攝入量十分有限，省吃儉用是大多數家庭的常態。

　　改革開放後，職工工資開始緩慢上漲，但漲幅依然不大。20 世紀 90 年代以來，隨著市場經濟的發展和分配制度的改革，中國勞動者的工資水平才開始大幅上漲，很多人的工資從月收入幾十元，到幾百元，再到幾千元，甚至幾萬元，雖然物價也在漲，部分抵消了工資上漲的購買力，但不可否認的是，人們的購買力在大大增強，吃飽穿暖早已經不是問題，吃好穿好也基本能達到，而且，人們把更多的收入用在了教育、休閒和其他財務投資上。

　　收入為什麼會提高？這貌似是一個很大的問題，因為影響收入提高的因素實在太多了，貨幣發行量，收入分配制度，個人努力程度……但在這些影響因素中，有一個最為關鍵和重要的因素，那就是勞動生產率。勞動生產率，就是單個勞動者的產出能力或水平，一般可用人均產值或人均 GDP 來表示。一個人工資提高的本質是這個人創造的價值或財富增多了，即，這個人的勞動效率更高了，那麼他理應得到更多報酬（工資）。工資的上漲也應基於勞動生產率的提高，否則就是無源之水、無本之木，不可持續。因此我們在講工資上漲的時候，一般使用"基本保持與勞動生產率同步"這樣的提法。

　　既然工資水平提高的基礎是勞動生產率提高，那麼，勞動生產率是如何提高的？這個問題相對簡單些，例如在工廠裏，影響一個工人產出效率的因素，不外乎如下：自身能力高低（與教育和培訓有關），自身勤快與否（與激勵得當有關），使用的裝備如何（與人均資本有關），使用的技術先進與否（與工藝和技術有關）。不難發現，改革開放後，至少有一個因素發生了極大變化——因為承認了微觀主體（個人、家庭、工廠）的利益激勵機制，多勞多得，幹得好得的多，同樣一個人，同樣一個家庭，同樣一家工廠，受此激勵而更加勤奮、更加多產，勞動生產效率自然迅速提高。當然了，資本投入、管理變

商店裏的東西看看就好，省吃儉用曾經是大多數家庭的常態

收音機曾經是家用電器
中的"大件"

街邊的熟食曾經是日常
難得的待遇

革、技術引進、教育培訓等其他因素也在改善，人們的勞動生產率不斷提高，工資水平因此不斷上漲。

## ◎ 再說支出

　　賬本故事中，董家買一台九吋黑白電視機的費用是當時的一筆巨款，這台電視機在當時絕對算是一件奢侈品，能買得起電視機的家庭在那時算是鳳毛麟角，它給全家乃至周圍鄰居帶來的幸福，可能是現在的年輕人無法想像的。新中國成立 70 年來，人們生活在持續改善，"用"上的支出越來越大，"用"上的領域越來越多，這些"用"的領域，集中體現在家用電器上。

　　說到家用電器，改革開放之前，在普通家庭中能找到的家電大多只有收音機。改革開放之後，隨著收入的提高，人們有更多錢來購置家電。按照現在家電的一般分類，黑色家電指可提供娛樂的產品，包括電視機、DVD 播放機、音響、照相機、遊戲機，等等；白色家電一般指可以替代人們進行家務勞動或改善生活環境的產品，包括洗衣機、冰箱、空調、各類廚房電器，等等。改革開放以來，百姓在黑色家電、白色家電方面的支出不斷增多，越來越多的家電進入普通百姓家。電視機、DVD、錄音機、遊戲機等黑色家電讓人們的休閒娛樂方式更加多樣，極大地豐富了人們的精神生活。而白色家電大幅度減輕了人們的家庭勞動強度，人們無需再花費大量的時間和體力在煮米飯、洗衣服等家務勞動上，這些家電在一定程度上解放了人，從而讓人們有更多的時間去學習，去做自己喜歡做的事情，這是人自由而全面發展的重要前提；而空調、風扇、除濕器、加濕器等家用電器極大地改善了人們的生活環境，高溫的夏天裏，人們也不用再忍受酷暑。

　　不止是"用"上，隨著對美好生活的更高追求，人們在"遊"上的支出也多了起來。2000年董家賬本上首次出現旅遊支出10,089元，現在對大多數家庭來説，每年找時間出去旅遊，應該算是很平常的事情，而且花費在此項上的支出，也並不是小數目。相比衣食住行用等支出（這些支出具有較強的剛性），旅遊、健身、美容等支出項目代表了人們對高質量生活狀態的追求，體現了中國消費不斷升級的大趨勢。對於生活在當下的人來説，要努力認真工作，也要好好享受生活，過更豐滿、充實和充滿樂趣的人生，這應該也是致敬新中國成立70年偉大成就的一種方式。

# 60年：記賬不變，節儉不變，家風不變

## ◎ 賬本，因"精打細算"而生

　　最初大多數家庭記賬，原因其實很簡單 —— 精打細算，量入為出；即使沒有詳細的書面記賬，家人心裏也大致清楚，這個月或當年收入多少，支出多少。當然了，有了書面記賬，這個收支情況就更加精確和詳細。透過董家60多年的記賬故事，我們不難發現，記賬的"初心"是為了精打細算，該買的就買，不該買的堅決不買，這其實傳遞出中華民族的一個優良傳統 —— 節儉。不論是泛黃的老賬冊，還是現在手機上的電子賬本，不論是筆筆都清晰的家庭賬目，還是粗糙簡陋的紙頭記錄，賬本的核心是收入和支出，基於收入計劃支出，收支心中

有數，不浪費，把錢用在刀刃上，不透支，不寅吃卯糧，其本質是節儉的樸實美德和一種生活態度。

記賬雖然是為了節省，但其實也是有代價的，因為記賬要花時間、花精力，很多人不去做這件事，也是覺得自己沒那"閒工夫"，或覺得自己收入相對固定、支出習慣已經形成，心裏很清楚，沒有必要再去記賬。當然也有些人，會把較為大筆的支出，記錄下來，而小筆支出就不詳細記錄。相比年紀稍長或成家的人，當前，很少年輕人能堅持記賬，他們嫌記賬麻煩，更重要的是，他們沒有經歷短缺的苦日子、過慣了富足生活，習慣了花錢"大大方方"，記賬還會被同齡人戲謔為"斤斤計較"和"小家子氣"，對於年輕人而言，這樣的心態其實也是完全可以理解的。

物質匱乏的年代，各家
都是自己動手做蜂窩煤

誰知盤中餐，粒粒皆
辛苦

過去棉被都是自家手工
縫製，舊了再拆洗翻曬
一遍

但從社會可持續發展和價值觀傳承的角度看，要倡導和鼓勵年輕人學會和做到"開源節流"，"開源"就是好好學習，努力工作，敢於創業，勇於創新；"節流"就是要學會控制支出，日常必需的生活支出在得到充分保障的基礎上，其他物品或服務的消費要符合理性和節儉的原則。從這個意義上看，賬本是因"精打計算"而生，但又不僅僅起到精打細算的效果，它督促人們更好地控制過度消費的慾望，它記錄人們更穩健地去工作和生活的軌跡。

## ◎ 節儉，是一種美德

賬本故事裏董家三代人把記賬當成了一種習慣，把節儉當成一種美德，這種美德的意義，不會隨著物質生活的富裕而消失。這也是賬本存在的另一層價值涵義。當前有人提到消費的重要性，可能會如此説道：經濟是消費撐起來的，消費興百業興，大家都不消費，經濟則要凋敝。這種觀點，不論從經濟學的理論，還是從現實發展的邏輯而言，都是錯誤的，我們要勇於同這種錯誤觀點鬥爭。

第一，消費確實對於社會生產和再生產意義重大，但是這種影響關係並不是大家都大肆消費就能帶動生產繁榮這麼簡單，過量或透支性消費，浪費了資源和生產要素，降低了資源配置效率。第二，消費行為受到人們的收入水平影響，而收入水平由生產水平和分配方式共同決定，一個健康的社會不單要求生產力高而且還要分配公平。"朱門酒肉臭，路有凍死骨"，過大的收入分配差距在過度消耗資源的同時，也抑制了低收入者應有的基本消費。第三，"生產—分配—消費"是一個閉環，不節儉甚至是揮霍無度，就無法累積成儲蓄型投資，儲蓄少了，投資就會少，無法形成擴大再投資的循環。消費促進經濟發展的具體內涵應該是"合理消費＋消費升級＝經濟可持續發展"。進一步來説，節儉更是一種理念，珍惜資源，尊重自己與他人勞動成果。

　　當然，大多數人對於節儉的理解，更多的是從道德這個維度來看。"節儉光榮，浪費可恥"，是每個人都耳熟能詳的俗語。節儉是中華民族幾千年來一直提倡並傳承下來的傳統美德，影響著幾乎所有中國人的行為，兩千多年前的《左傳》中就有"儉，德之共也；侈，惡之大也"的論述。李商隱在詩中説："歷覽前賢國與家，成由勤儉破由奢。"三國時的諸葛亮曾在〈誡子書〉中説過："靜以修身，儉以養德。"這些正體現出節儉對於提高自身道德修養的重要作用。事實上，自古以來，凡品德高尚且有大智慧的人，大都注意勤儉節約。甚至在很大程度上，節儉就是品德高尚的標籤，揮霍浪費和奢靡無度就是品德低下的代名詞。

## ◎ 節儉家風代代傳

　　從董萬春到董淑萍，再到王冬蓓，董家三代人傳承著堅持記賬的習慣，也傳承著節儉的家風。千千萬萬個家，世世代代地傳，家是最小的國，國是最大的家，從樸實無華的家風，到中華民族傳的統美德和價值操守，節儉在中國人心裏烙下了永久的符號。賬本故事裏，不難發現，後人的記賬和節儉，是受前人的影響，這種影響，就是家風。家風是一種潤物細無聲的力量，在日常生活中潛移默化地滋潤著人們的心靈，塑造著人們的品格。

對中國人來說，有家就有家風。從世族大家文字化的家訓、家譜，到普通百姓父母長輩的一言一行，家規、家教形式雖有不同，傳遞的都是一個家庭或家族的道德準則和價值取向。耕讀傳家，書香門第，艱苦樸素，勤儉節約，誠實守信……這些都是中國人的家風中常見的優良品質。其中，勤儉的出現概率應該是較高的。勤是搖錢樹，儉是聚寶盆。多數家庭傳承著勤儉這一樸素家風，這方面的民間俗語和格言也較多："黃金本無種，出自勤儉家"，"精打細算夠半年，遇到荒年不受難"，"只勤不儉，好比端個沒底的碗，總也盛不滿；只儉不勤，坐吃山空，也必定會受窮捱餓"，等等，由此可見勤儉節約對中國千萬家庭的重要性。

相比其他要求各異的家風，節儉這一傳統美德也是社會主義核心價值觀的重要方面。小到一個家庭，節約每一滴水、每一度電，家長教育孩子"粒粒皆辛苦"，做到不浪費、勤儉持家；大到一個國家，營造勤儉節約、艱苦奮鬥的文化氛圍，倡導健康文明的消費方式，通過媒體、學校、家庭教育等方式塑造良好品格，並把這些品格長久地保持下去，真正做到內化於心，外化於行。

# 後　記

本書通過一個個真實的賬本故事串聯成書，以小賬本記錄新中國 70 年大變革大發展，揭示 70 年的奮鬥之路，繪製祖國未來美好藍圖。每一章都以賬本故事為中心展開敘事、敘人、敘變化，脈絡上大致由"講述賬本故事，刻畫時代變化，分析改革之路"的結構組成。

行文風格力求娓娓道來，通俗易懂，避免套話和空話，儘量少用學術化語言。為了讓閱讀更輕鬆，更有趣，講述更生動，更有代入感，大量使用了賬本的原始照片、漫畫，並輔之以文字表述。

時代變化和改革之路，從賬本故事中自然引申而出，緊貼故事，有的放矢，說變化，講道理，儘量做到語言平實，高度提煉，易於理解，在不增加讀者閱讀難度的前提下，深化讀者對問題的認識和理解，真正做到"講故事，有意思；談變化，有同感；說道理，不枯燥"。

在本書的寫作過程中，賬本的提供者，也是賬本故事的主人公，是真正的“記錄人”，沒有他們的賬本故事，就沒有這本書。他們是普通工人、農民、教師、白領、機關幹部、大學生。我們直接或間接得到這些賬本故事，佔用他們的時間去訪談、讓他們寫下與賬本相關的往事，還對他們的各種關於賬本的故事“刨根問底”，感謝他們的無私付出，他們才是本書的“真正作者”。他們是：黃桂祥、梁順燕母女、馬衛紅、郭秀妮、曾雨寒、普光村村民、劉元九、刁錫永、董萬春家人。

為了本書的順利完成，由許德友牽頭，組建了一個主創團隊。除了不定期根據寫作進度進行集體研討外，大致分工如下：李新慧為本書專門精心繪製了系列漫畫，這些生動有趣而又充滿時代感的漫畫，是本書的“顏值”擔當；王夢菲搜集和整理大量相關文獻資料，為本書內容的成稿和素材的串聯做出巨大貢獻；伍茗欣和古鈺對賬本故事的整理和撰寫付出多個週末的時光；張健碩的排版和設計可謂“夜以繼日，勞心勞力”。正是依靠大家集體的勞動，以及數不清的爭論和修改，才把本書呈現到讀者面前。

感謝中共廣東省委黨校為我的工作提供了最大的支持與幫助。廣東人民出版社既是本書的出版單位，更是本書的"研發"和"製造"機構。肖風華社長一直關注本書的寫作和出版，鍾永寧總編輯為本書的內容結構提出了非常寶貴的意見，盧雪華主任協調各流程事宜以求最高效地完成出版流程，曾玉寒副主任全程跟蹤、督促並以最大的努力讓本書做到更好。三聯書店（香港）有限公司推出本書的繁體版，他們細緻高效的工作，為本書推廣貢獻了不少力量，在此一併表示感謝！

當然，作者本身閱歷和能力有限，加之時間倉促，不足之處，還請讀者多多批評指正。

許德友

2019 年 8 月 1 日於廣州黃華園

責任編輯　沈夢原

書籍設計　吳冠曼

書　　名　賬本裏的中國

編　　著　許德友

出　　版　三聯書店（香港）有限公司
　　　　　香港北角英皇道 499 號北角工業大廈 20 樓
　　　　　Joint Publishing (H.K.) Co., Ltd.
　　　　　20/F., North Point Industrial Building,
　　　　　499 King's Road, North Point, Hong Kong

香港發行　香港聯合書刊物流有限公司
　　　　　香港新界大埔汀麗路 36 號 3 字樓

印　　刷　美雅印刷製本有限公司
　　　　　香港九龍觀塘榮業街 6 號 4 樓 A 室

版　　次　2019 年 11 月香港第一版第一次印刷

規　　格　16 開（170 mm × 230 mm）240 面

國際書號　ISBN 978-962-04-4541-5

　　　　　© 2019 Joint Publishing (H.K.) Co., Ltd.

　　　　　Printed & Published in Hong Kong